Acia Lee

Moja mama jest piękna

Acia Lee

Moja mama jest piękna

Zastanawiam się, czy on też mnie kocha

Wydawnictwo Bezkresy Wiedzy

Imprint
Any brand names and product names mentioned in this book are subject to trademark, brand or patent protection and are trademarks or registered trademarks of their respective holders. The use of brand names, product names, common names, trade names, product descriptions etc. even without a particular marking in this work is in no way to be construed to mean that such names may be regarded as unrestricted in respect of trademark and brand protection legislation and could thus be used by anyone.

Cover image: www.ingimage.com

This book is a translation from the original published under ISBN 978-613-7-38485-5.

Publisher:
Wydawnictwo Bezkresy Wiedzy
is a trademark of
Dodo Books Indian Ocean Ltd., member of the OmniScriptum S.R.L Publishing group
str. A.Russo 15, of. 61, Chisinau-2068, Republic of Moldova Europe
Printed at: see last page
ISBN: 978-620-0-54145-1

Prolog

Kobieta w białej sukni z długimi, zwiniętymi w kostiumy burakami przyszła spacerując po szpitalnym holu, przechwytując każde przechodzące oko w ten sam sposób. Wyrażanie sądów na temat jej rozpaczliwej ekspozycji sylwetki nad dopasowaną sukienką ołówkową. Jednak jej ekspresja pozostaje wzajemna. Przechodziła przez pokryte białą glazurą foyer w kierunku sali porodowej na drugim piętrze szpitala. Jej oczy były matowe, ale niewiele puste: zaprzysiężone z puchnącymi ciekłymi kryształami, utrzymującymi się w jej rzęsach. Zatrzymuje się i jedzie w innym kierunku, a zamiast tego kieruje się w stronę szklanego okna. Jej twarz rozjaśniła się, a w jej oczach pojawiły się łzy, gdy rzuciła ręce na szklaną szybę, obserwując, jak noworodek ziewnął swoją małą buźkę i wyciągnął swoje małe rączki w niebieskiej rękawicy. Niewinna forma życia drży mu powieki, aby się otworzyć, a jego klatka piersiowa rozszerza się dokładnie, aby oddychać. Ukryte wewnątrz łóżeczka naprzeciwko szklanego okna pokoju dziecięcego. Stoi w oknie przez chwilę, zanim pielęgniarka zauważyła ją od środka. Pielęgniarka wyszła z przedszkola z troską o stojącą kobietę. Stukała się w ramię, by zwrócić na siebie uwagę i zaskoczyła natychmiastową reakcją.

"Panienko, wszystko w porządku?"

"Yeah-thanks"

Jednak jej oczy sugerują jej głębokie emocje. Tylko, trudno jest rozróżnić, czy jest to dla szczęścia, smutku, czy dla obu. Pielęgniarka uśmiechnęła się, żeby ją rozweselić. Przypomina jej ona w jakiś sposób nowoczesną Azjatkę, która jest dobrze dopasowana do życia w Nowym Jorku. Samo spojrzenie na nią może ujawnić jej tęsknotę i zamęt. Zaczęła pokazywać więcej emocji na swojej twarzy.

Bardziej niż większość zwykłych nieznajomych, którzy przychodzą spojrzeć na sekcję przedszkolną.

"Jesteś tu dla kogoś?" zapytała pielęgniarka. Od razu zainteresowała się tym, że kobieta zamierza tu przyjechać. Nic to, że jest podejrzliwa. Jest zbyt ładna, by być wrogo nastawiona. Niemniej jednak, bardziej w pomaganiu niespokojnej osobie w prywatnym szpitalu, prawdopodobnie szukającej krewnego.
Ta kobieta nie odpowiedziała jej od razu. Jej niespokojne oczy wędrowały po wewnętrznej stronie szklanego okna i szukały kogoś.

"Jest filipińska kobieta, która urodziła dziś rano, jest tu jej dziecko?" Pielęgniarka podchodzi do niej bliżej, zastanawiając się nad jej zapytaniem.

"Chyba tak". Dlaczego? Jest twoją krewną?" choć żadna z nich nie mówi, że jest Filipiną. Bardziej mieszanka-azjatycka kobieta o błyskotliwie opalonej skórze, na którą inne dziewczyny wystraszyłyby się gapić wystarczająco długo. W jej przypadku jest to zbyt niepokojące. Pielęgniarka zaczyna odczuwać to niezręczne zastraszanie.

Kobieta wypuściła z rąk swoją elegancką futrzaną torbę na temblaku, aby ją otworzyć i wzięła długi pasiasty portfel. Zdejmuje z niego kartę i przekazuje ją pielęgniarce. Pielęgniarka czuła się dziwnie zaskoczona tym, co kobieta zrobiła i jeszcze raz się na nią gapiła, zanim zdała sobie sprawę z tego, co widzi.

"Jestem tu dla mojego syna". Oczy kobiety ujędrniły się, gdy nadwyrężała swoją postawę, by zrobić wrażenie na sobie i na pielęgniarce, z którą rozmawia, wypełnione śladem potężnej pewności siebie zebranej w radosny uśmiech.

ROZDZIAŁ I

Zawsze byłem zadowolony z tego, co mam. Moja mama i mój pies Alfredo. Są moją rodziną i jestem szczęśliwy, gdy jestem z nimi.
Mój każdy dzień zaczyna się, gdy mama budzi mnie pocałunkami i uściskami. Ale czasami pozwalała mi się obudzić samemu. Robi mi pyszne śniadanie jak hamburger patyczki i latarnia morska. Przygotowuje też moje pudełko na lunch z moją ulubioną kanapką i ciasteczkami. Upewnia się, że bezpiecznie dotrę do szkoły, zanim pójdzie do pracy. Moja mama pracuje w firmie produkującej ubrania i torby. Codziennie nosi kwiecistą sukienkę i robi makijaż w samochodzie, gdy wysiadam. Wiem, bo zawsze patrzę wstecz i wciąż widzę ją od szkolnej bramy stawiając jej makijaż przed uruchomieniem samochodu. Powiedziała mi kiedyś, że zawsze spóźnia się do pracy, że nie ma czasu na poprawne nadrobienie zaległości w domu. Kiedy dostałem się do naszej klasy, bawię się z moim przyjacielem gezmo, a czasami bawię się z resztą uczniów. Nasza nauczycielka panna Palma przychodziła i witała nas z uśmiechem.

"Dzień dobry klasie!"

"Dzień dobry panno Palma!"

Zanim usiądziemy, panna Palma wezwie nas na obecność. Moje koleżanki i koledzy z klasy zawsze są mi zazdrosne, bo panna Palma traktuje mnie inaczej. Zawsze pyta mnie, czy wszystko w porządku i dzieli się ze mną swoim jedzeniem, co może wynikać z jej przyjaźni z mamą. Często widzę ich rozmawiających ze sobą i pozornie tak blisko. Uprzejme traktowanie panny Palmy wobec mnie jest powodem, dla którego moi koledzy z klasy mnie dręczą. Dlatego dogaduję się tylko z kilkoma z nich.

"Klaso, chcę ci przedstawić twoją nową koleżankę z klasy, Sarę!" Panna Palma ogłosiła pewnego dnia, zaraz po sprawdzeniu obecności.

Przyszła pulchna dziewczyna w końskim ogonie. Wydaje się być tak nieśmiała, a jej twarz jest tak ponura jak jej niezrównoważone białe skarpetki w czarnych butach. Nie jest przyjazna z wyglądu i wydaje się, że nikt nie chce z nią siedzieć.

"Tomy" panna Palma zadzwoniła do mnie i uśmiechnęła się do mnie - sugerując, że ta pulchna dziewczyna usiądzie obok mnie. Wahałem się oczywiście. Jej dziwne spojrzenie może dać moim kolegom więcej powodów do znęcania się nade mną, ale pamiętam, że mama powiedziała mi, żebym nie wybierał przyjaciół i nie wolno mi oceniać ludzi. Ale... Ona jest zbyt dziwna, by być nie osądzaną. Trochę się ruszam, żeby dać jej miejsce, a ona rzuca torbę na nasz stół. Oszalałem, ale nie mogę tego powiedzieć. Nie do dziewczyny pandy siedzącej obok mnie.

Po szkole idę prosto do szkolnej bramy i czekam na mamę. Zazwyczaj nie spóźnia się z odbieraniem mnie. Zajęcia skończyły się wcześnie, bo panna Palma ma coś do zrobienia. Siedziałem na ławce, czekając na mamę. Wziąłem mojego chłopaka z gry i zacząłem grać w Mario. Zauważyłem, że dziewczyna poszła za mną i usiadła tuż obok mnie. Starałem się jej unikać i stać, by znaleźć inne miejsce. Na szczęście za szkolną bramą bije konsekwentny samochód, a ja od razu go rozpoznałem.

"Hej! Tutaj. "Moja mama zatrzymała samochód przede mną i otworzyła mi drzwi, żebym mógł wsiadać.

"Widzę, że masz nowego przyjaciela, huh!"

"Ona nie jest moją przyjaciółką"

Moja mama sięgnęła po boczne lustro i naprawiła je. Uśmiechnęła się do mnie i spojrzała na pandę, która nadal siedzi na ławce.

"Więc dlaczego ona patrzy na ciebie?" Jej drażniąca twarz mnie wkurzyła.

"Ona nie jest! Chodź mamo, chodźmy" - mama uruchomiła silnik i wyśmiała się ze mnie podczas jazdy samochodem. Nie chcę, żeby moja mama miała zły pomysł na to, żebym zaprzyjaźnił się z pandą. Ona jest dziwna i wszyscy w klasie jej unikają, dlatego trzyma się mnie.

Po szkole bawię się z moim prawdziwym najlepszym przyjacielem Alfredo. Alfredo jest odpowiedzialny za dom, kiedy mnie i mamę nie ma. Alfredo jest orłem i jest tak przyjazny nawet dla innych ludzi. A on zawsze biegnie w moim kierunku, i w kółko macha ogonem.

"Come alfredo! Chodź chłopcze!" Pobiegłam z Alfredo do domu, każąc mu gonić mnie, aż oboje rzucimy się na kanapę. Moja mama przyszła po noszeniu mojej torby.

"Zostawiłaś swoją torbę w samochodzie", położyła ręce na biodrach i spojrzała na mnie.

"Czy muszę ci przypominać za każdym razem, że najpierw musisz się przebrać? Ubrudzisz sobie mundur".

Głos mamy jest zbyt miły, że nawet jeśli już jest wściekła, nadal nie mogę się jej bać. Ale ja ją kocham i nie lubię patrzeć, jak się na mnie rozczarowuje. Więc wstałam i pobiegłam do mojego pokoju, żeby się przebrać. Miałam na sobie moją ulubioną koszulkę z dużym logo pająka z przodu. Mama kupiła mi tę koszulę, kiedy miałem szóste urodziny, razem z zabawką dla trzmieli z transformatora. Rzadko spędzam swoje urodziny z wieloma ludźmi. Zazwyczaj, to tylko ja i mama, i jestem z tego zadowolona.

Poszedłem włączyć telewizor, aby obejrzeć moją ulubioną kreskówkę z Alfredo, jedząc moje przekąski, które mama dla mnie zrobiła.

"Więc kim ona jest?" Zatrzymałem rękę przed karmieniem się ciasteczkiem, kiedy moja mama rozmawiała z kuchnią, która znajduje się tuż obok kanapy, na której oglądam nastoletnich tytanów. Sprawdziła na mnie, jak zareagowałem nosząc jej nóż. Prawdopodobnie gotuje na kolację, ale martwi się, że zajmie jej to chwilę, by zapytać mnie o tę dziwną pandę w szkole.

"Nic! Ona jest niczym" Odpowiedziałem nużąco

"Więc dlaczego..." zanim skończyła swoje słowa, krzyczałam na nią "Mamo, czy możemy po prostu o niej zapomnieć?" Mama podniosła brwi i wiem, co to znaczy. Nie jest w porządku z tym, jak się zachowywałem i muszę przeprosić.

"Przepraszam, po prostu jej nie lubię" mama położyła nóż na stole i poszła do mnie.

"Dlaczego? Czy ona zrobiła coś złego? Czy ona jest dla ciebie wredna?"

Jak mogę jej odpowiedzieć? Jej oczy mówią mi, że jest zaniepokojona. Ona zawsze jest. Ale jestem zbyt zażenowany, aby powiedzieć, że mój powód jest tylko dlatego, że reszta klasy jej nie lubi, a to zmniejszy moją reputację w szkole. Dręczyciele będą mnie jeszcze bardziej dręczyć.

"Nie lubię jej, bo..." Zatrzymałem się trochę i próbowałem sparaliżować z jej rozszerzających się oczu.

"Nie lubisz jej, bo?"

Wiem, że moja mama nie zaakceptuje mojego powodu. Wiem, że zmusi mnie do przyjaźni z pandą i nie chcę, żeby do tego doszło. Tak jak wtedy, gdy pojechaliśmy na Filipiny. Moja mama jest Filipinką, więc często wyjeżdżamy na Filipiny, aby odwiedzić naszych krewnych. To było wtedy, gdy podszedł do mnie chudy chłopak na ulicy i poprosił o moje jedzenie. Oczywiście, nie chciałam mu tego dawać, ale mama mnie do tego zmusiła. Powiedziała mi tylko, że dawanie jest lepsze niż otrzymywanie, a ja nadal nie rozumiem, co ona przez to rozumie. To samo stało się z innymi dziećmi na przyjęciu jednej z przyjaciółek mojej mamy. Teraz wiem, że ona mnie do tego zmusi.

"Ona jest dla mnie wredna" Skłamałem, mimo że wiem, że nawet nie odezwała się do mnie ani słowem. Patrzyła na mnie tylko i śledziła mnie przez cały pierwszy dzień.

"Chodź, powiedz mi" mama może łatwo stwierdzić, czy kłamię, więc ciężko jest ukryć przed nią rzeczy

"Okay-Nie lubię jej, bo jest dziwna i wszyscy w naszej klasie jej nie lubią" Twarz mojej mamy uspokoiła się, ale jej brwi spuchły jak leżała do tyłu.

"Jak możesz mówić, że jest dziwna, skoro nie dałeś jej nawet szansy, by się z tobą przedstawiła? Nie możesz być tak niegrzeczny dla innych".

Patrzyłem, jak się martwiła. Nie lubię, gdy moja matka się martwi.

"Tomy, obiecaj mi, że nie unikniesz tej dziewczyny ponownie", ale jej prośba jest dla mnie po prostu nie do przyjęcia. Ale nie mogę ignorować mojej mamy.

"Okay" zostawiła mnie z pocałunkiem i wróciła do kuchni.

"Dzisiaj wieczorem, będziemy mieli twój ulubiony gulasz"

"Yeheeey. "Czułem się lepiej z gulaszem. To tradycyjne filipińskie jedzenie i uwielbiam jego smak. Może dlatego, że jestem częściowo filipino, biorąc pod uwagę, że moja mama jest.

Moja nauczycielka, panna Palma, też jest Filipińczykiem. Czasami daje nam błahostki o byciu Filipińczykiem i mówi, że filipińska rodzina jest bardzo duża i przywiązana. Żeby znali nawet najdalszych krewnych.

Więc zastanawiałem się, czy jestem Filipińczykiem, jak moja mama, czy naprawdę jest Filipińczykiem. Nigdy nie spotkałem dziadka ani babci, nie jestem nawet pewien, czy mama ma brata, czy jest jedynym dzieckiem takim jak ja. Jedziemy na Filipiny i spotykamy tylko kilku naszych krewnych i żaden z nich nie wspomniał o moim dziadku czy babci. Zanim położyłam się spać, mama przyniosła mi szklankę mleka. Zawsze upewnia się, że piję mleko po umyciu zębów i zanim pójdę spać. Podczas picia mojego mleka. Przyszła do mnie myśl o moich dziadkach.

"Mamo"

Moja mama siedziała na moim łóżku obok mnie.

"Tak synu, co to jest?"

Spojrzałem na nią wahającą się. Zastanawiam się, czy nie stanie się emocjonalna i smutna, jeśli zapytam ją o moich dziadków.

"Czy ja mam dziadka i babcię?"

Jej oczy opadły i wiem, że czuje się niezręcznie z tym pytaniem.

"Oczywiście! Każdy ma, ale ich tu nie ma".

"Czy oni są na Filipinach?" Moja mama potrząsnęła głową. Staje się emocjonalna, jak sądzę, ale stara się to ukryć.

"Nie" to jej jedyne słowo. Ale nie próbowałem jej więcej prosić, już widzę jej ból i nie chcę dodawać. Założyłam tylko, że nie żyją i dlatego moja mama musi opuścić Filipiny, aby móc zapomnieć o bólu związanym z utratą mamy i taty.

"Czy ja mam ojca?" Nagle zapytałem. Chociaż nie myślałem o tym. Po prostu przyszedł do mnie.

"Huh?" Oczy mojej mamy zaczerwienione, od wewnątrz tworzą się łzy. Zdałem sobie sprawę, że jest to dla niej jeszcze bardziej bolesne i postanowiłem zakończyć z tym moje poszukiwania.

"Chcę teraz spać mamo" Dałem jej mój pusty kieliszek i przykryłem się kocem. "Nocna mama" mama uśmiechnęła się, ale jej wyraz jest nadal smutny. Wyłączyła światło "dobranoc synu" i zamknęła mi drzwi, gdy zmuszałem się do spania.

ROZDZIAŁ II

-1984-

Mój każdy dzień zawsze był taki mroczny i cichy. Ciepło słońca to jedyna rzecz, którą mogę poczuć, a nie jakikolwiek smutek czy nogi. Pękający hałas wentylatora sufitowego i poruszających się pojazdów przejeżdżających przez autostradę, gdzie bawią się dzieci. Ponadto, w jego chodnikach, gdzie matki grające w pokera, jak śmieją się raptownie nie dbając o dzieci na niebezpiecznej drodze. Ale dlaczego miałoby mnie to obchodzić? Nie mają mi nic do zarzucenia, tak jak mnie. Brązowe liście za moim oknem to pojedynczy przyjemny widok - choć wcale nie był on zbyt przyjemny. Jest to bardziej przygnębiające z wielu powodów. Przypomina mi to liczbę dni, które spędziłem w nowym, starym domu, w którym mieszkamy. Nowy, bo nie tak dawno się wprowadziliśmy. ale stary, bo został przekazany tak wielu właścicielom i żaden z nich nie wydaje się trwać przez lata. Zastanawiam się dlaczego.

Te stare prześcieradła i dywany. Nudne ściany i chrypiące meble, i półki, gdzie moje medale wystawiane są jako dowód mojej zarozumiałej przeszłości, przypominają mi jak głupio było mieć pewność, że moje osiągnięcia są wystarczające dla mnie, aby być zrozumianym i dumnym niezależnie od mojej wiary. Ale czy się myliłem? Tak, moje ego jest nawiedzone, i tak jak ten budynek, jestem pełen brudnych wykładzin. Nowy dom nigdy nie jest atrakcyjny i wygodny od pierwszego dnia, w którym tu mieszkamy. Ale skąd mam wiedzieć? Mieszkam w moim zakurzonym pokoju od dnia, w którym się wprowadziliśmy, a reszta domu nadal jest dla mnie dziwna.

"James?"

Mój brat Jed dzwonił do mnie zza moich drzwi. Otworzyłby ją i wpuścił do środka, nie słysząc żadnej odpowiedzi na jego wezwanie. Nie oczekuje ode mnie odpowiedzi, ani nie patrzę na niego, gdy rozmawiamy. Trzymam wzrok na zewnątrz i patrzyłbym na niego tylko wtedy, gdybym wiedział, że odchodzi.

"Przestań, james! On nie żyje, nie możesz być taki wiecznie" - przychodzi do mojego pokoju codziennie, by mówić takie rzeczy, a za każdym razem, gdy to robi, odgryzam usta i staram się nie uronić ani jednej łzy od oczu. I to dziwne uczucie, że nie robię już tego samego. Czuję, że moje serce jest zimne nad emocjonalnymi wspomnieniami, a moja głowa jest już nudna. Zmęczony płakaniem nad czymś, o czym wiedziałem, że moje łzy nie mogą nic zrobić.

"Tak" w końcu powiedziałem, ale mój głos jest niski i drży. Nie pamiętam już dnia, w którym mówiłem głośno i śmiałem się mocno. Nie pamiętam już dnia, w którym czułem, że żyję.

"Zejdźcie na dół. Mama czeka na ciebie"

"Czyżby?" Mój głos nadal się trzęsie, choć moje myśli były uspokojone.

"Ona nie jest na ciebie zła, ona też się o ciebie troszczy".

"Jak?"

"James! Jesteś moim bratem, jesteś częścią naszej rodziny".

Coś nagle przebiło mnie na klatce piersiowej, jakim jestem członkiem rodziny, odpowiedzialnością wobec kobiety, która nie jest moją matką i powodem śmierci męża? co postawiło ją w najgorszej sytuacji konieczności płacenia głębi i rachunków, które zostawił? A syn, który spowodował jego wypadek, jest teraz kaleką i bezużyteczny.

Czułem, że Jed się poddał i wrócił do domu, pozostawiając mnie zdenerwowanego i zaniepokojonego.

Minęły trzy miesiące odkąd zmarł nasz ojciec. Jego śmierć nie mogła być dla mnie bardziej jasna, choć wszystko, co się wydarzyło, wydaje się takie niejasne i szybkie. Mam pamięć, za którą musiałem się obwiniać, i wszystko, co jest o mnie.

Słyszałem, jak Susan krzyczała z dołu. Jej słowa są dokładnie takie, jak moje myśli. Nie jestem niczym więcej, jak tylko ciężarem.

"To dziecko! Kiedy zejdzie na dół i zrobi się użyteczny?"

Mój strach przed upadkiem na ziemię pochłania moją chęć do chodzenia i staje się - jak zawsze by to powiedziała - "użyteczny". Moje ciało, które trzęsie się, gdy próbuję stać. Mogę się tylko podeprzeć rękami na ramionach mojego krzesła i rzucić się z powrotem do mojego łóżka, które jest tuż przede mną. I stać długo wydaje się niemożliwe w moim stanie. Straciłem nadzieję. Nie wiem, czy kiedyś będę w stanie wytrzymać i zrobić coś z moim nieszczęśliwym życiem.

Życie, które jest bezdźwięczne, ale ogłuszające, że postacie nagle wpadają w ruch i przywołują wspomnienia, które tęskniłem za tym, by zapomnieć.

To wspomnienie...

"Edrick! Edrick! EEEDDRRIIICCKK!"

Głos Susan odbijał się echem, gdy leżałem na tej samej ziemi co mój ojciec. Jego oczy są szeroko otwarte, gdy na niego patrzę - choć wszystko wokół mnie jest zamazane, mogę powiedzieć, że się obudził. Ale on się nie rusza. Jest zbyt blisko mnie, ale nie słyszę od niego oddechu. Próbowałem wyciągnąć rękę do jego twarzy, bo gdzieś we mnie wierzy, że jeszcze żyje. Wtedy człowiek złapał mnie z ziemi i podniósł do góry. Nie rozumiałam swojej sytuacji, dopóki nie zobaczyłam Susan pędzącej do jego ciała, wołającej o pomoc. Byłem zbyt zmęczony i słaby, by zareagować - by zdać sobie sprawę, że mój ojciec jest bez tchu, że nie żyje.

Aż pstryknięcie rzeczywistości sprowadziło mnie z powrotem do mojego nudnego, ciemnego pokoju, gdzie leżę na łóżku, zastanawiając się, czy ten okropny sen nie jest lepszy od rzeczywistości, w której się znajduję.

ROZDZIAŁ III

Nowy dzień, ale ta sama stara rutyna. I jak zwykle, dostałem się do szkoły wcześnie "Tomy!". Obiecałeś mi, że nie będziesz unikał dziewczyny, pamiętasz?" Spojrzała na mnie trzymając mnie obiema rękami i przypominając mi o naszej umowie, którą tolerowałem, bo nie chcę, żeby się martwiła "W porządku" mama pocałowała mnie w czoło, zanim pójdę do mojej klasy. Pomachała do mnie przed wyjazdem.

Nigdy nie spodziewałam się, że prośba mojej mamy może być tak trudna. Po zobaczeniu jej od drzwi, chciałem się wycofać, ale jak mogę?

Usiadłam obok niej i zmusiłam się do uśmiechu. Uśmiechnęła się z powrotem, a jej uśmiech jest szerszy i przyjazny. Zdałem sobie sprawę, że nie jest zła tylko na swój wygląd.

"Hi I'm tomy" w końcu ją przywitałem. Patrzyła na mnie tylko tak, jak zwykle. I po kilku sekundach powiedziała: "Cześć Tomy, jestem Sarah", a my się do siebie uśmiechnęliśmy. Zauważyłem, że moi koledzy z klasy patrzą na nas, ale już mnie to nie obchodzi. Mama ma rację. Sprawy się zmieniają, jeśli tylko pozwolisz danej osobie się przedstawić.

Gezmo przyszedł do nas i przywitał się z Sarą. Gezmo to jedyny kolega z klasy, z którym tak dobrze się dogaduję. Jest trochę chudy i nosi duże okulary i muszle jak mól książkowy w każdym filmie. Podobają mu się również starannie zaczesane włosy oraz mundur.

"Sarah, powinnaś iść z nami zagrać po zajęciach" zasugerowałem, a Gezmo skinął głową "tak". Idziemy do parku po lekcjach, panna Palma powiedziała, że wcześnie nas zwolni" - podekscytowana uśmiechnęła się Sarah i skinęła głową razem z nami.

Zaraz po zajęciach, podnieśliśmy się na plac zabaw. Gezmo jest zawsze szybszy ode mnie, a Sarah zmaga się ze swoją wagą, więc Gezmo wygrał podwyżkę, a ostatni będzie gonitwą. Bawiliśmy się w gonitwę, aż się wyczerpaliśmy. Sarah nie dostała swojej szansy przeciwko nam, ponieważ biegaliśmy szybciej niż ona. ale wszyscy dobrze się bawiliśmy i zgodziliśmy się, że zrobimy to samo następnego dnia.

Mama Gezmo jest też nauczycielką w szkole. Więc odszedł wcześniej niż my, odkąd jego mama odebrała go zaraz po tym, jak jej mama skończyła zajęcia. Zostawiając mnie i Sarę na tej samej ławce, na której siedzieliśmy razem w jej pierwszym dniu szkoły. Ale w przeciwieństwie do przeszłości, siedzieliśmy bliżej siebie. Cieszę się, że mogę zdobyć nowego przyjaciela, przyjaciela tak żywego jak Sarah. Jednak jej żywiołowość zamieniła się w ciszę i niepokój, gdy zobaczyła człowieka idącego w naszym kierunku.

"Kim on jest, Sarah?" Poprosiłem

"To mój ojciec" Nie rozumiem, dlaczego Sarah musi się smucić widząc swojego ojca. Jestem pewna, że nie zrobiła nic złego, by zostać zbezczeszczona. Może ma kłopoty z ojcem.

"Więc dlaczego jesteś smutna?" Sarah nie spojrzała na mnie. Po prostu wstała i poszła do taty. Byłem zdezorientowany i podążałem za nimi swoim spojrzeniem. Jej ojciec nic jej nie zrobił, a ponadto wydaje się, że bardzo mu na niej zależy, bo cały czas trzymał ją za rękę. Zwróciłem przy nich uwagę, że nie zauważyłem, że moja mama już siedzi obok mnie.

"Więc teraz jesteście przyjaciółmi?"

"Mamo!" Byłem zaskoczony, kiedy ją zobaczyłem. Śmiała się ze mnie i trzymała mnie bliżej siebie

"Mówiłam ci, że jest miła", ale tego nie zrobiła, moja mama zawsze wymyśla rzeczy, żeby się przekonać.

"Poszedłem do samochodu i otworzyłem drzwi. "Mamo, daj spokój!" Zdałem sobie również sprawę, że moja ulubiona seria kreskówek właśnie się zaczyna, więc pośpiesznie wspiąłem się do środka samochodu, a mama po prostu chodzi swobodnie, by mnie dalej drażnić.

Następnego dnia twarz Sary wciąż jest mroczna. Była już szczęśliwa, gdy zostaliśmy przyjaciółmi i nie mogłem uwierzyć, jak łatwo mogła zmienić się z powrotem w swoją normalną, smutną postać. Nie mogłem się powstrzymać, ale trochę się martwię. I ja też znam Gezmo. Ale gezmo nie wiedział, dlaczego Sara jest smutna i chyba mam pomysł, dlaczego. To pewnie z powodu jej ojca.

Po zajęciach podszedłem do niej, żeby z nią porozmawiać. Byłem zaskoczony, kiedy próbowała mnie unikać. To mnie nawet bardziej zmartwiło i zaciekawiło. Poszliśmy na nasze zwykłe miejsce na placu zabaw z gezmo i ona powiedziała nam, co się stało.

"Moja mama nie wraca już do domu" mówiła smutno i wahała się.

"Dlaczego nie?" gezmo zapytał, to było pytanie, które też chciałem zadać, ale gezmo już to za mnie powiedział.

"Zostawiła nas, rozwiodła się z moim ojcem".

"Rozwiedziony?" Poprosiłem

"Tak, mama i tata się rozwiedli i mama zostawiła nas dla innego faceta"

"Czym jest rozwód?" gezmo i Sarah spojrzały na mnie "Tomy, rozwód jest wtedy, gdy twoja mama i tata nie są już razem i decydują się mieszkać osobno" gezmo wytłumaczyło.

"I skąd o tym wiesz?" Zapytałem ponownie

"Moja mama i tata też się rozwodzą, a teraz jest mężatką wujka Ronalda".

"Dlaczego mieliby się rozwieść?"

"Nie wiem. Może już się nie lubią".

"Nie rozumiem"

"Dlaczego? Czy twoi rodzice się nie rozwodzą?" zapytał gezmo, i to mnie głęboko zastanawiało. Nigdy nie znałem mojego taty. Nie mam jego zdjęcia i ani razu nie wspomniała o nim moja mama.

"Nie mam taty, więc nie wiem"

Przyszedł ojciec Sary i tak jak wtedy, gdy pierwszy raz go zobaczyłem. Chodził niezłomnie i gestykulował do nas. Uśmiechnęliśmy się, by odpowiedzieć. "Do widzenia" Sarah wzięła torbę i poszła do ojca "do widzenia, do zobaczenia jutro".

Myśl o moim ojcu wbiła mi się w głowę. Nie zauważyłem, że gezmo już wyszło z mamą i nie do końca go słyszałem, kiedy się ze mną żegnał. Mogłem wrócić do rzeczywistości dopiero wtedy, gdy mama wyrzuciła mnie ze snu. Myślałem o moim ojcu, jeśli kiedykolwiek go miałem. Wiem, że moja mama nie odpowie mi, jeśli zapytam, po raz ostatni, kiedy ją zapytałem, była przygnębiona i niewygodna. Więc zamiast tego, zadaję jej inne pytanie, gdy jedzie samochodem w kierunku naszego domu.

"Mamo!" - "Hmm?" Wiem, że jej uwaga jest przy mnie, więc kontynuuję: "dlaczego ludzie się żenią?" Moja mama uśmiechnęła się do mnie i ma się śmiać, ale wiedziała, że mówię poważnie.

"Ludzie pobierają się, by stworzyć rodzinę"

"Na jak długo?" Odwróciła głowę, żeby na mnie spojrzeć.

"Dlaczego o to pytasz?"

"Ponieważ rodzice gezmo i Sary są rozwiedzeni i chciałem zapytać, czy to normalne, żeby się rozwieść".

"Kochanie, jesteś za młoda, by wiedzieć takie rzeczy. Ale w każdym razie, Sarah, masz na myśli tę nową dziewczynę w twojej klasie?" Wiem, że ona tylko unika pytania. Ale naprawdę chcę też wiedzieć, dlaczego nie mam ojca. Czy mama i mój tata też się rozwodzą? Zostawił nas dla innej kobiety? A może on nie żyje? Te pytania nigdy nie opuszczą mojego umysłu

"Mamo! Czy ty i mój tata też się rozwodzicie?" wydechnęła, ale nie odpowiedziała mi.

"Mamo!" Powtarzałem, żeby mnie usłyszała. Myślałem, że mnie nie słyszy, więc próbowała mówić głośniej, ale po prostu mnie ignoruje "Mama to ty i tata..."- "Tomy!" Mama krzyczała, nigdy wcześniej na mnie nie krzyczała, ale tym razem tak, i to mnie bolało. Jestem zdezorientowany, dlaczego na mnie krzyczała. Może dlatego, że pytanie o mojego ojca irytuje ją "przestań, Tommy!". Nie chcę, żebyś o nic więcej nie pytał, dobrze?" Głos mamy jest surowy, jak wygląda bezpośrednio na drodze. Opuściłem głowę i próbowałem nie mówić do niej ani słowa. Zobaczyła i dosięgła mojej ręki

"W porządku, dlaczego nie dostaniemy trochę lodów, zanim pójdziemy do domu", mówiła delikatnie i próbowała rzucić na mnie okiem, trzymając się drogi.

"Tak..." Żałowałem mojej odpowiedzi. Nie chciałem iść gdzie indziej, chcę iść prosto do domu i zamknąć się w swoim pokoju. Ale wygląda na to, że nalega, by pójść i nie sądzę, by mnie tak wypuściła.

Zazwyczaj za każdym razem, gdy mamy okazję, idziemy na lody i siadamy przy placu na jednej z jego ławek. Ale stała się bardzo zajęta pracą, że muszę na nią czekać w szkole i czuć się niezręcznie z nową dziewczyną.

Mama zaparkowała samochód i jechała najpierw w furgonetce z lodami, z tym samym facetem sprzedającym lody w każdą sobotę.

"Minęło trochę czasu, madame. Ten sam stary smak?"

Moja mama uśmiechnęła się do pieniędzy, facet machał do mnie, ale ja się nie uśmiechnęłam.

"On jest w złym humorze" mama powiedziała facetowi od lodów.

"Zły nastrój, co, dzieciaku? "Facet chichotał. Ignorowałem go, ale mama się z nim uśmiechnęła. Idę do pobliskiej ławki i siadam, żeby się ze mną nie droczyli. Zawsze był dla mnie taki irytujący, ale nie tak irytujący jak w tamtym momencie.

"Proszę bardzo" mama podaje mi lody truskawkowe. Zawsze je dostaję, bo to mój ulubiony smak lodów. Podczas gdy mama miała to samo. Powiedziała, że to nie jest jej ulubione, ale zawsze dostaje to samo, kiedy tylko zdecydujemy się na wspólne lody.

"Nie bądź taki zrzędliwy, zestarzejesz się bardzo szybko - starszy niż pan Choi".

Stary człowiek w naszej stołówce, którego twarz jest bliska setki

Pozwoliłam, by lody rozpłynęły się w mojej dłoni i tylko gapiłam się na nie, aż część z nich spadnie na ziemię. Spoglądam wstecz na mamę zastanawiającą się, dlaczego nie powstrzymała mnie przed marnowaniem moich lodów na ziemię. Gapiła się na mężczyznę idącego z kulą przechodzącą przez zielone pole.

"Mamo?" Wtedy w końcu zauważyła mój bałagan.

"Tomy! Co ty robisz?" Wzięła moje topiące się lody i wyrzuciła je na śmietnik za nami.

"Chodź teraz", pośpiesznie złapała mnie za rękę, żeby stanąć i skierować się w stronę samochodu. Zerknęłam na tego kalekiego faceta, który znowu walczy o spacer i zastanawiałam się, dlaczego jej wyraz twarzy nagle zmienił się w niespokojną twarz. Mama nic mi nie mówi, jestem pewna, że nie powiedziałaby mi, dlaczego nagle też wpadła w depresję.

Samochód porusza się tak szybko, że widzę małą kroplę łzy z oczu mamy. Jej ręce też drżą w kierownicy.

"Mamo?"

"Mam się dobrze"

Ale ja wiem w jej głosie, że nie jest.

ROZDZIAŁ IV

-1985-

Minął już rok od wypadku. Jednak nic się nie zmieniło od pierwszego dnia, kiedy usiadłem na moim starym sztywnym krześle naprzeciwko mojego ciemnego okna, którego część kratek jest już rozbita. Brązowa roślina, która kiedyś stała obok, zwietrzała ze względu na letnią agonizującą temperaturę, która tłumi zanieczyszczone pyłem powietrze, które wytwarza nasz zgniatający się elektryczny wentylator. I tak jak Susan mówi do mnie, rzadko sprzątam swój pokój. Być może z powodu stanu mojej nogi, ale większość z nich to alibi, które stworzyłem, aby przekonać się, że żadne z moich istnień nie jest znaczące.

Tylko mój brat Jed nadaje znaczenie mojej egzystencji. Dla mnie, on marnuje swój czas. On zawsze jest taki optymistyczny we wszystkim co robi, ja jestem tym negatywnym. Po opuszczeniu naszej starej dzielnicy, Jed przeniósł się do szkoły publicznej w pobliżu naszego nowego adresu. Byłem dwa lata przed nim, ale po wypadku postanowiłem nie obciążać Susan moimi opłatami za naukę i zasiłkami. więc zatrzymałem się w ósmej klasie. Chociaż mój ojciec zwykł mówić mi, że jestem bardziej osiągalny niż on.

Studiowanie było moim pocieszeniem. Dało mi to tak wiele imienia i pewności siebie, ale nie idealnego życia, o które zawsze proszę. A obrzydliwa rzeczywistość mnie czeka na coś wewnątrz zużytego okna zaciskającego moją rękę do mojego siedzenia, patrząc na ludzi powodujących hałas na zewnątrz.

"Mamo! Mamo!"

Głos Jeda dotarł z dołu.

"Co?"

Ściany domu nie są najgrubsze. Nawet nie na tyle gruby, by przykryć rozmowę z innych pokoi. Ich głosy są tak wyraźne, jakby mówiły za mną.

"Gdzie jest James?"

"Naprawdę? Myślisz, że twój głupi brat kiedykolwiek opuści swój pokój, żebyś zapytał mnie, gdzie on jest?"

"Oh yeah, Przepraszam"

"Jestem nawet zaskoczony, że nie zgnił i nie rozłożył się, więc możemy wykorzystać go do tych zakładów".

"Mamo!"

Kroki Jeda ze schodów tryskają w kierunku mojego pokoju. Nie zareagowałem, kiedy przyszedł z takim podekscytowaniem

"Mam dla ciebie dobre wieści!" mówił, łapiąc oddech. Tylko się na niego gapiłam i podniosłam brwi.

"Międzynarodowa grupa medyczna jest teraz na placu, udziela darmowej pomocy medycznej ludziom z problemami zdrowotnymi i słyszałem, że pomagają też ludziom z problemami z nogami".

"Nie słyszałeś swojej mamy? Lepiej, żebym był martwy"

"Dlaczego jesteś taki? Nie możesz sobie choć raz pomóc?"

"Dlaczego chcesz, żebym się wyleczył?"

"Bo mi na tobie zależy! I wystarczy, że wyjdziesz z tego pokoju i spróbujesz".

Pokój jest polem z nagłą ciszą

"To zależy od ciebie. Róbcie co chcecie, zostańcie w tym pokoju na zawsze i nigdy się stamtąd nie wydostańcie, jeżeli tego chcecie".

Wyszedł trzaskając drzwiami. Nie żałowałem naszej rozmowy, ale żałowałem, że nie zareagowałem na jego ostatnie słowa. Chcę iść, ale nie wiem, co mnie powstrzymuje przed zrobieniem tego. Czuję, że moje nogi stają się coraz lepsze, po prostu nie chcę się ruszać i przywracać wszystkiego do normy, wiedząc, że nie ma we mnie nic normalnego. Straciłam życie, kiedy on umarł. Mój egocentryk umarł z nim i wygiął się na jego nagrobku, aby przypomnieć mi moje błędy i pretensje. Jestem oszustem, tak samo jak moje medale. One nie są prawdziwe, nie dla mnie.

Przeczołgałam się do półek, zaczęłam zbierać swoje medale i trofea i rzucać je po kolei na podłogę. Nienawidzę, nienawidzę, gdy przypomina mi się, jak bardzo jestem ograniczony. Jak jego słowa powstrzymywały mnie od bycia wiernym sobie. Jak bardzo szanuję i jestem mu posłuszny w każdym jego słowie.

Nienawidzę, kiedy sam nie potrafię sobie tego wyobrazić i moi koledzy z klasy, nauczyciele nazywają mnie mądrą i przyznają mi za to nagrodę. Ale, oni nie wiedzą.

Jego głos dowodzący jest w całym moim pokoju. Jego obecność nigdy mnie nie opuściła. I płaczę za każdym razem, gdy czuję, że nadal jestem pod jego kontrolą.

Może i jestem. Nie wiem, co zrobić bez niego, a jego tłumiący głos mnie budzi. Jego zgoda była moim jedynym celem. Ale nie wiem, czy go kocham, czy po prostu się go boję.

"Tata-tata... tata" łzy leją mi się z oczu, że nie widzę już nic poza niewyraźnym widzeniem pokoju, w którym myślałem, że jest moją pierwszą wolnością.

"Te medale nie są dla mnie. To dla ciebie, bo wiem, że jesteś ze mnie dumny. Nawet jeśli nic nie powiesz"

Rzucam się klęcząc na podłogę, zbierając medale, które rzuciłem.

"Przepraszam... Przepraszam, że nie jestem tym synem, za jakiego mnie uważasz".

Przytuliłam się mocno do mojego medalu i położyłam się na podłodze.

Zdałam sobie sprawę, że zasnęłam, znajdując się z medalami na dole. Podciągnąłem się do łóżka i zastanawiałem się. Czułem się pusty i nie mogłem się skupić.

Zmusiłem się do ruszenia w stronę drzwi. Jednej rzeczy nie wyobrażam sobie od dłuższego czasu. Drzwi, które trzymam tak blisko, jak to tylko możliwe i nigdy nawet nie próbuję zerknąć.

Czołgam się z rękami i łokciami, by dotrzeć do schodów. Z góry widzę Jeda zakładającego buty.

"Jed..."

Spojrzał na mnie. Wciąż szalony o to, co się stało.

"Przepraszam. I-though of it-and it seems...good" I hesitated a little

"Dobra" to jego jedyne słowa. To sprawiło, że bardziej się wahałem.

"Pewnie, że pójdę... może"

Jego przeglądarka róża jak się uśmiechał

"Zabiorę cię"...

Cały plac jest zatłoczony nie tylko dla osób niepełnosprawnych i dbających o zdrowie, ale także dla tych, którzy po prostu chcą tam być i obserwować zagranicznych lekarzy i ich zaawansowany technologicznie sprzęt. To rodzaj powitania znany miejscowym mieszkańcom obszarów wiejskich Filipin. Sam sąd pod przykryciem roi się od obywateli tego obszaru, którzy domagają się bezpłatnych badań kontrolnych, a przydzielone im dobra są przekazywane ubogim pacjentom. Nie dziwi mnie już taka sceneria. Moje oczy są już przyzwyczajone do tego, że ludzie błagają i czekają na pomoc, niż do tego, że ciężko pracują, aby rodzina przeżyła. Oczekiwanie wobec dzielnicy, która uwielbia marnować swój czas na hazard i plotki. Z pijakami leżącymi na ulicy i dziećmi, które nie mają wystarczającej ilości jedzenia i ubrań. Biedne miasto z ubogimi ludźmi, o których często mówi.

Jed i ja przyjechaliśmy na plac, a ja trzymałem się Jeda, żeby móc chodzić, a moja druga ręka jest na długiej gałęzi, której używam jako laski. Jed usiadł mi na krześle naprzeciwko biurka lekarza pierwszego rzędu, który specjalizuje się w urazach fizycznych. Ale zbyt długo gapił się na mnie, co ożywiało wewnętrzną introwertację, która mieszkała głęboko we mnie, zamiast sprawiać, że czułem się komfortowo w jego mieszkaniu. Czuję się niezręcznie, kiedy uśmiecha się, zanim zacznie pytać o moją troskę.

"Co się stało z twoimi nogami?" Zacząłem zdawać sobie sprawę z tego, że tego rodzaju konfrontacja jest tym, czego najbardziej się obawiam, a opowiedzenie obcej osobie o mojej kondycji i przyczynie, która jest dość przerażająca, to zbyt wiele jak na osobę, która właśnie zdecydowała się dokonać postępu w swoim życiu. To nawet nie jest dzień, a już muszę zrobić duży krok.

"I-I-I ha-ha"-"Nie miał wypadku!" Jed zakończył moje słowa za mnie. Jego nagłe przerwanie zdezorientowało doktora. Ale uznał w oczach Jeda, że temat jest dla mnie zbyt delikatny. A moja reakcja potwierdziła tę intuicję.

"Okay, mogę dotknąć twoich nóg?" Zawahałem się i zamarzłem. Moje ciało jest nie do opanowania, ponieważ moje serce bije tak szybko. Czuję się jakbym był winny oskarżenia. Dla nieśmiałego umysłu i przyjaznego specjalisty to może być przesada.

"Hmmmm... To tylko wiotki paraliż spowodowany urazem fizycznym" Zaczął uciskać moją nogę swoją ręką i to boli. Zmusiło mnie to do małego skoku z krzesła "Działając na nerwy związane z zaangażowanymi mięśniami. Ten stan może stać się śmiertelny, jeśli wpłynie na mięśnie oddechowe", dodał

Lekarz wziął kartkę z receptą i śpiewał ją z wcześniejszymi notatkami, które napisał na kartce. Istnieją trzy leki wymienione na papierze "są to tylko witaminy niezbędne do jego odzyskania, można kupić w każdym lokalnym sklepie z lekami tutaj i oczywiście ćwiczenia mięśniowe" powiedział w sarkastycznym tonie. Lekarz przekazał gazetę Jedowi, a następnie uśmiechnął się do mnie.

"To wszystko czego potrzebuje doktorku?" Mówił w obcym języku.

"Tak, to wszystko, czego potrzebuje i to..." Lekarz wziął kulę za biurko i dał mi ją. Kula jest dobrze wykonana i wydaje się być importowana z tym logo amerykańskiego kupca. Jednak nie zrobiło to na mnie wrażenia. Tylko mnie to wkurzyło. Chociaż twarz Jeda to ta, która jest zbyt podekscytowana darowizną. Zmarszczyłam brwi i milczałam.

"Dlaczego? Nie jesteś z tego zadowolony? Nie cieszysz się, że znów będziesz chodził? To może pomóc w szybkim powrocie do zdrowia" - głos lekarza nie jest tak przekonujący, jak wygląda. Dla mnie brzmiało to bardziej sarkastycznie, ale dla Jeda jest to zachęta, ponieważ uśmiecha się i kiwa głową w zgodzie.

"Tak James! Dokładnie to mu mówiłem, doktorze!" Entuzjazm Jeda uświadomił mi, jak bardzo kocha mnie jako swojego brata. Więc kiedy wyszliśmy z placu, z moją nową kulą, która niespodziewanie jest trudna do manewrowania. Zatrzymałem się i czekałem, aż odwróci się plecami. Ten ciepły związek między nami, a jego wysiłek, aby zrobić wszystko dla mojego powrotu do zdrowia, ożywił moje ego. Tak bardzo, że moja motywacja do życia odrasta w najbardziej czuły i bezinteresowny sposób.

"Co ty robisz? Potrzebujesz pomocy?" Wrócił kilka kroków do mnie i próbował trzymać mnie w ramionach.

"Nie! Dam sobie radę"

"Więc dlaczego przestajesz?"

"Po prostu o tym myślę. Zdaję sobie sprawę, że chcę znów chodzić do szkoły".

Nie spodziewałem się, że będzie szczęśliwszy. Ale to jest dokładnie to, co mówi mi jego ekspresja, kiedy wypowiadam te słowa.

"W porządku! Zabierzemy ci stypendium z powrotem"

"Nie wiem, czy jeszcze mogę"

"Możesz! Jesteś najmądrzejszym bratem na świecie! Będziemy się uczyć całą noc"

"Co? Nie ma mowy"

Oboje śmialiśmy się w drodze do domu. Od dawna nie mogłem się tak bardzo śmiać. Ale kiedy w końcu to zrobię, szczęście i pamięć nigdy nie odejdą.

ROZDZIAŁ V

Następnego ranka nie powiedziałam ani słowa o moim tacie, choć myślałam o nim. Patrzę jak moja mama wykonuje swoje obowiązki, czekając na jej słowa. Zazwyczaj wyjaśnia wszystko rano. Tak jak wtedy, gdy ugryzłem mojego kolegę w palec za drażniącą mnie adopcję. Zapytałem ją, czy to prawda, a ona nie odpowiedziała mi do rana. Spodziewałem się tego samego, mając nadzieję, że nie powie mi, że on nie żyje. Zrozumiałabym, gdyby się rozwiedli, tak jak ludzie, gdy już się nie lubią.

Powiedziała mi, że nie jestem adoptowany, ale nie wspomniała o moim tacie. Nawet mi nie powiedziała, czy mam. Za każdym razem, gdy ją pytam, unikała pytania i zmieniała temat. Wcześniej mi to nie przeszkadzało i zastanawiam się, dlaczego teraz jest to dla mnie takie ważne.

Tego ranka, dostałam się do szkoły bez odpowiedzi od mamy. Zachowywała się tak, jakby nic się nie stało i robiła to, co do niej należy; przygotowywała śniadanie, wysyłała mnie do szkoły i całowała przed wyjściem do pracy. Nie zrobiła nic podejrzanego, ale nie rozumiem, dlaczego jestem zawiedziony.

Usiadłem na moim stole zdezorientowany i zaniepokojony. Więc kiedy panna Palma weszła i zaczęła sprawdzać naszą obecność, zrozumiałem, że Sarah nie jest obok mnie.

"Sarah jest nieobecna na dzień, ale wkrótce wróci" powiedziała panna Palma. Podeszła do mnie bliżej i uśmiechnęła się do mnie "Nie martw się, nic jej nie jest, będzie tu jutro" Nie rozumiałem dziwnego uczucia, które czułem po rozmowie panny Palmy. Jestem zdezorientowany co do czegoś, czego nie wiem. Może dlatego, że Sary nie ma na swoim miejscu i dziwnie się teraz czuję, że jestem już przyzwyczajony do jej obecności. W ciągu zaledwie kilku dni staliśmy się przyjaciółmi i jakoś czuję, że mogę się z nią związać. Wziąłem torbę i czekałem, aż panna Palma odwróci się od czarnej tablicy i pobiegłem poza klasę.

"TOMY!"

Nie zastanawiałam się ani chwili dłużej. Nie zawahałem się. Biegałem tak szybko, jak mogłem. Ignorując rozmowę panny Palmy. Biegałem, aż dotarłem do głównych ulic. Pobiegłem z torbą wiszącą na moich bocznych ramionach. W mojej głowie, muszę znaleźć Sarę i pomóc jej, ale nie wiem, gdzie mieszka. Szedłem dalej i widziałem ludzi, którzy patrzyli na mnie, gdy przechodziłem obok. Opuściłem głowę, myśląc, że będę miał kłopoty, jeśli mama dowie się, że uciekłem ze szkoły. Chodzę bez celu i wciąż myślę o pomocy mojemu przyjacielowi. Nagle poczułem się zdenerwowany widząc siebie na froncie wielkiego miasta z wieloma ludźmi i trąbiącymi samochodami narzekającymi na ruch uliczny. Zagubiłem się w tłumie i chciałem wrócić, ale nie wiem, gdzie jestem. Nie potrafię już powiedzieć, w którą stronę iść, którą ulicę wybrałem, by móc tu przyjechać. Moje oczy zamazały się wodą, czy jakoś tak zauważyłem, wtedy moje policzki zaczęły się nagrzewać, gdy moje serce wciąż biło. Wiem, że moje łzy wciąż spadają mi z oczu, ale nie miałem ochoty o tym myśleć. Chcę, żeby moja mama mnie uratowała, żeby zobaczyć mnie na tej ulicy.

"Chłopcze? Zgubiłeś się? Gdzie jest twoja mama?" przyszedł do mnie mężczyzna, zginając kolana. Patrzyłam na niego, a on ciągle się na mnie gapił, podnosząc obie brwi. Dopiero wtedy, gdy zauważyłem wielu ludzi wokół nas, patrzących na mnie.

"Czy on się zgubił?"

"Nie wiem, widziałam go wędrującego samotnie, myślę, że się zgubił" - wytłumaczył mężczyzna pani, która za nim stoi. Pani jest z małą dziewczynką i patrzy też na mnie "nie masz mamy?" Wściekłam się na pytanie małej dziewczynki do mnie. Patrzę na jej matkę i ludzi, którzy mnie obserwują. Znowu opuściłem głowę.

"Musimy zadzwonić do władz, chłopak, którego ten młody nie powinien błądzić po ulicach". Słyszałem, jak mężczyzna, który za tym stoi, rozmawiał i niektórzy z nich się zgodzili.

"MAM MAMĘ!" Krzyczałem, a potem znowu biegałem, wychodząc z gromadzących się ludzi.

"Hej mały chłopcze!" Słyszałam, jak za mną gonili, ale przechodziłam przez ulice nawet, gdy światła robiły się zielone. A samochody uruchamiają swoje silniki. Wciąż biegam bez patrzenia na to, co jest za mną.

"O mój Boże chłopcze!"

"Mały chłopiec wracaj tu!"

Samochody biją, gdy przechodzę przez drogę. Ciągle biegałem i wpadałem od ludzi do ludzi. Moje bijące serce sprawiło, że zignorowałem łzy płynące z oczu. Nie wiem, po co miałbym uciekać, wierzę tylko, że muszę. Zobaczyć Sarę i pomóc jej, nie wiedząc, gdzie teraz jest. Nie wiem, czy to naprawdę Sarah, której szukam. Nie wiem, dlaczego jestem tak zdeterminowany, by jej pomóc.

Widziałem kosz na śmieci obok ogromnego budynku. Schowałem się tam i czekałem, aż ludzie, którzy mnie gonili, odejdą.

Po tym jak usłyszałem ich mijanie, siedziałem pod koszem na śmieci i znosiłem ich ostry zapach. Zastanawiam się, co dokładnie próbuję zrobić. Czy moje działania są słuszne, czy nie. Czy moja mama będzie mnie krzyczeć, jeśli dowie się, że uciekłem ze szkoły i sam chodziłem po ulicach miasta? Co jeśli nie będę mógł wrócić do domu? Będę na zawsze na ulicach? Czy ktokolwiek mi pomoże? ale próbowałem uciec od ludzi, którzy prawdopodobnie chcą mi tylko pomóc. A co jeśli zostanę porwany lub przyprowadzony do sierocińca i nie zobaczę już mojej mamy. Czoło było ciężkie, łzy płynęły mi z oczu bez końca. Przestraszyłam się myśląc, jak będę mogła wrócić do domu. Pamiętam, kiedy panna Palma zapytała nas o naszych superbohaterów. Jedna z moich koleżanek powiedziała, że jej superbohaterem jest jej tata. Bo jest silny i ma super moce. Ciekawe, czy ja mam tatę i on też ma super moce. Moim superbohaterem jest Spiderman, a on nawet nie jest prawdziwy - tak powiedziała moja mama. Ale jej jest prawdziwa i chroni ją. Jeśli mam tatę, jestem pewien, że przyjdzie mnie uratować i ocalić przed wszystkimi złymi ludźmi, jak superbohaterowie w filmach. Ale ja chyba nie mam. Będę więc samotny i będę musiał mieszkać na ulicy, bo nikt mnie tu nie znajdzie.

Wstałem i postanowiłem iść dalej ulicą. Rozpoznałem to miejsce. Jakbym już wcześniej szedł tą ulicą. Nie myliłem się, gdy zobaczyłem mamę po drugiej stronie drogi. Czułam się szczęśliwa, gdy ją zobaczyłam i byłam tak gotowa podbiec do niej, zanim zobaczyłam, że z kimś rozmawia. Blondynka w białej koszuli. Kłócili się, a mama wydaje się być zdenerwowana. Następnie zabrała swój telefon i była w szoku, gdy rozmawiała z telefonem.

"MAMO!" Krzyczałem, ale ona mnie nie słyszała, więc krzyknąłem jeszcze raz "Mamo! Mamo!" Aż w końcu odwróciła głowę i zobaczyła, jak do niej macham. Spiesznie przeszła przez drogę i objęła mnie.

"O mój Boże, co ty tu robisz?" Jej oczy są mokre, a twarz prawie blada.

"Przepraszam mamo"

"Co jest z tobą nie tak? Dlaczego uciekłaś ze szkoły? Wiesz, co będę czuł, jeśli coś ci się stanie?"

Czuję drżenie ręki mojej mamy, gdy na mnie patrzyła. Opuściłem głowę, bo nie wiem, jak jej powiedzieć, dlaczego uciekłem ze szkoły. Czy wybaczy mi, jeśli powiem jej, że szukałem domu Sary, by pomóc jej w sprawie jej problemu z rodziną? Albo powiem jej, że szukałem mojego taty.

"Nigdy więcej tego nie rób, dobrze? Dajesz mi zawału" Kiwam głową mamie, ale moja uwaga zwróciła się na mężczyznę, który podążał za nią, przechodząc przez drogę. Stoi obok nas, nie mówiąc nic

"Mamo, kim on jest?" Pytałem. Mama się waha, żeby mi odpowiedzieć. Zawsze mogę stwierdzić, czy moja mama się waha z powodu swoich oczywistych działań. Bierze głęboki oddech i przesuwa powieki w kółko. Rzuciła na niego okiem, zanim zamieniła z nim słowo.

"On jest przyjacielem" Wątpiłam w reakcję mojej mamy. Ostatnio czuję, że ona mnie okłamywała.

"Czy on jest moim ojcem?"

"Tomy, rozmawialiśmy o tym pamiętniku?"

"Nie, nie zrobiliśmy tego! Nigdy mi nic nie mówiłeś".

"To dlatego uciekłaś?"

Zatrzymałem się i spojrzałem na faceta, który też na mnie patrzy. Ale on nic nie mówi.

"Tomy. Porozmawiamy o tym w domu, dobrze?"

"Wiem, że nie, ukrywałeś przede mną mojego ojca. Wiem, że zostawiłaś go tak samo jak mamę Sarah".

"Tomy posłuchaj, nic przed tobą nie ukrywam... więc proszę"

"NIE!" mama wstaje i znowu rozmawia z tym facetem.

"Przepraszam, on... on ma taką sprawę".

"Wiem"

Facet w końcu przemówił. Ale to są jedyne słowa, które powiedział

"Będziemy teraz jechać, dziękuję bardzo". Facet gestykulował głową, a mama podniosła mnie i przeniosła przez drogę, na której stoi nasz samochód.

"Mamo? Kim on jest? Czy to mój tata?" mama zatrzymała się i spojrzała na mnie.

"On nie jest twoim tatą" twarz mamy jest wprost na drodze. Znowu się rozczarowałem, a tym razem jestem jeszcze bardziej zraniony. Mama wzięła telefon i napisała do kogoś sms-a przed uruchomieniem samochodu.

Dotarliśmy do domu i mama szybko wysiadła z samochodu. Nie obróciła się za mnie i pozwoliła mi wysiąść na własną rękę. Zazwyczaj otwiera dla mnie drzwi i pozwala mi najpierw wejść do domu. Ale tym razem, nie zrobiła tego. Była zajęta sms-owaniem do kogoś, dopóki nie weszła do domu.

Jej wyraz twarzy się nie zmienił. Nadal jest zaniepokojona i niespokojna. Zaczęła wkraczać do domu trzymając telefon.

"Mamo?" zatrzymała się w środku drogi i spojrzała na mnie "Mamo, kto jest moim tatą? Czy ja mam tatę?" Zapytałem jeszcze raz, a jej twarz do tego czasu jest podrażniona

"Czy muszę się powtarzać? Do kiedy chcesz mi zadać to pytanie?"

"Ale nie odpowiedziałeś mi, ukrywałeś go przede mną".

"Idź do swojego pokoju"

"Mamo! Czy ja mam tatę?" Mówiłam do niej głosem, bo wiem, że znowu mnie unika.

"Tomy, nie każ mi powtarzać, żebym poszedł do twojego pokoju."

"Mamo! Odpowiedz mi najpierw, czy mam tatę? Mamo, jeśli się rozwiedziesz, będę smutna, ale zrozumiem. Chcę tylko wiedzieć" Nie mogę powstrzymać mojego serca od bólu i moich oczu od płaczu. Błagałam mamę, jak zaciskałam ręce na jej sukience "Mamo, czy ja mam tatę? Jestem adoptowany?"

Mama tylko na mnie patrzy, ignoruje mnie i wiem, że mam za nią podążać, ale chcę wiedzieć...

"Idź do swojego pokoju! Mama nigdy nie krzyczała na mnie za każdym razem, gdy popełniłem błąd. Chociaż nie wiem, czy pytanie o mojego tatę jest błędem. Ale kiedy tylko przyniosę ten temat, ona się na mnie wścieka.

Puszczam ją i kieruję się w stronę mojego pokoju. Moje serce nigdy nie przestaje bić, a mój oddech wydaje się być kulminacyjny w moim gardle, gdy próbuję uwolnić się od płaczu.

Zamknęłam drzwi i zamknęłam je, żeby mama nie mogła wejść. Rzucam się do łóżka i topię twarz do poduszek. Płakałem.

W każdym filmie, który widziałem, dzieci mają mamę i tatę, dlaczego ja nie mam jednego.

"Tomy?" głos mówi od tyłu. Odwróciłem głowę, żeby zobaczyć, kto ma mocny głos.

"Kim jesteś?" Facetem tak znajomym, ale nic o nim nie przypomina mi kogoś.

"Przepraszam Tomy. Tak mi przykro" trzymał mnie na rękach. Sięgnąłem ręką do jego smutnej twarzy, patrzy na mnie swoimi pocieszającymi oczami. Czułam się niezwykle lekka i szczęśliwa i nie wiem dlaczego.

"Tato?" Założyłem, że jest. W końcu wrócił do domu. "W końcu tu jesteś!" Patrzę na niego uważnie, więc nie zapomnę, jak wygląda. Odmówiłem puszczenia ręki, bo chcę, żeby został. Cały czas płakał, może za mną też tęskni.

"Tomy, przepraszam"

"W porządku, już tu jesteś. Nie zostawisz nas już, prawda?" nie odpowiedział. Właśnie poklepał mnie po głowie i uśmiechnął się. Może to jest jego sposób na powiedzenie "tak".

"Tomy, idź już spać"

"Nie! Zostawisz mnie, jeśli to zrobię".

"Nie będę, będę spał tuż obok ciebie".

"Bardzo się cieszę, że tu jesteś, tato. Nie zostawiaj nas, dobrze?" zaniósł mnie z powrotem do mojego łóżka i przykrył kocem.

"Nie będę, obiecuję", potem pocałował mnie w czoło i został ze mną. Moje serce wciąż bije, ale czuję ulgę i radość. Ale boję się też, że jeśli się obudzę, nie będzie go już ze mną; że jeśli zamknę oczy, odejdzie i nie chcę go, tak bardzo, że starałam się nie zasnąć.

Drzwi zewnętrzne robiły hałas, gdy otwierałem oczy. Taty już nie ma ze mną i spanikowałam. Pośpiesznie wyszedłem na zewnątrz mojego pokoju, żeby go szukać. Musiał odejść, kiedy spałem. Czekał na mnie, aż zasnę, żeby się wymknąć. Znowu będę samotny. Mama i ja znów będziemy samotni.

"Tato? Tato!" Przeszukałem dom i znalazłem mamę w kuchni, rozmawiającą przez telefon. Chciałem się do niej zbliżyć, ale powiedziała mi, żebym nigdy nie zawracał jej głowy, kiedy rozmawia przez telefon, więc czekałem od drzwi. Mama chyba mnie nie zauważyła, bo jej rozmowa z telefonem jest bardzo poważna, że ma tendencję do płaczu i wołania.

"Chcę porozmawiać z twoją żoną, musimy powiedzieć mu prawdę!"

Patrzę jak moja mama się martwi. Przechodziła przez wiele stresu i cokolwiek to jest, o czym oni mówią, sumuje jej problemy. Tata właśnie wyszedł, a może to on rozmawia z telefonem. Może tata wyszedł po wizycie, bo ma inną rodzinę i trzymał nas w tajemnicy. Może to jest powód, dla którego nie chce rozmawiać o tacie.

"Na jak długo? Tomy uciekł ze szkoły dzisiaj rano, ona o tym wie. Ona wie, że Tomy uciekł ze szkoły. W końcu pozna prawdę i przysięgam ci, że jeśli coś się stanie, nigdy nie będę o tym milczał".

Jej głos jest już wściekły - wytykając rękę w dół, krzycząc na telefon - zaczęła znowu bujać się w kuchni, ale nadal nie może mnie zauważyć.

"Tomia potrzebuje swojej mamy. Musimy powiedzieć mu prawdę i nie obchodzi mnie, o czym mówisz. Muszę porozmawiać z mamą Tomy'ego, czy mnie słyszysz. Daj jej telefon, proszę. PROSZĘ!"

Nie rozumiałam, dlaczego mama prosi o rozmowę z mamą. Nie wiem, jak zareagować, bo jestem po prostu zdezorientowany. Przestałem czekać na mamę i wyszedłem z powrotem do mojego pokoju. Zamknęłam drzwi i usiadłam do łóżka, myśląc o tym, co znaczy mama, kiedy chciała z nią porozmawiać. Nagle poczułem się zmęczony i przygnębiony, a moje ciało nie będzie się ruszać bez względu na to, jak się staram. Mój tata wyszedł przed chwilą, czy to tylko sen. Albo wszystko o mnie jest snem. Marzenie, które nie jest prawdziwe.

Moje ciało znowu jest ciężkie, a ręce zdrętwiałe. Klatka piersiowa mnie boli od wewnątrz i zastanawiam się, dlaczego nagle zamarzłam. Nie mogę się ruszać, nie mogę oddychać. I bez względu na to, jak bardzo się staram, mój oddech zatrzymuje się w gardle.

"Mamo... Mamo..." Wołałam o pomoc, mama nie słyszała mnie na pewno, bo mój głos się kurczy. Mój oddech jest ładniejszy niż głos, a to tylko sprawiło, że bardziej bolała mnie klatka piersiowa.

Mama weszła do mojego pokoju i spanikowała, kiedy zobaczyła, że się zmagam. Nagle zabrała mój inhalator z mojej szafki i położyła go na ustach, aby pomóc mi oddychać. Trzymała mnie, trzymając przy sobie inhalator i dopiero wtedy zacząłem się relaksować.

Obejmowała mnie potem i nigdy mnie nie puściła. Wiem, że moja mama tak bardzo mnie kocha, ale czy ja naprawdę mam inną mamę? Chcę ją zapytać, ale jestem zbyt zmęczony, by mówić. Moja głowa jest zamglona, a oczy zaczynają mi spadać.

Przypomniałem sobie tatę. Trzymał mnie i został przy mnie, gdy zasnęłam. Ciekawe, gdzie on teraz jest. Ciekawe, czy Sarah ma się teraz dobrze, a jej rodzina wróciła do siebie. I zastanawiam się, czy naprawdę jestem adoptowany. Nie chcę być adoptowany. Nie chcę być dzieckiem innych ludzi i być od kogoś oddzielona. Nie chcę, żeby moja mama była kimś, kim moi prawdziwi rodzice nie będą się o mnie troszczyć, bo jestem niechciany.

"Mamo? Nie jestem dobrze adoptowana" szeptałam z całych sił. Głowa mnie boli, gdy mówię kilka słów. Ale nie chcę zasnąć bez wysłuchania mamy, która mówi, że nie jestem adoptowany.

"Mamo?" Nie odpowiedziała mi. Nie potwierdziła ani nie obaliła tego. Ale tak czy inaczej, nadal jestem zraniony, jestem bardzo zraniony. Czułam się zawiedziona, byłam tak pewna, że mama jest moją mamą, a teraz wszystko zaczyna się zacierać.

ROZDZIAŁ VI

-1990-

Nigdy nie czułem się tak zaniepokojony, odkąd zmarł mój ojciec. Mój pokój zawsze był moją samotnością. Aby móc odciąć się od winy przyznanej mi przez poczucie winy, powrót do szkoły może czasami ożywić taką beznadziejną duszę jak moja. Jednak procedura jest dokładnie taka sama, dobrze się uczy i otrzymuje wysokie oceny. Uczucie bycia strzeżonym i musi spełniać oczekiwania, na które ludzie, od których mniej oczekuję, by zrozumieli i uznali każdy potencjał, który różni się od tego, czego chcą. Jego obecność nigdy mnie nie opuściła. Dopiero teraz, gdy w końcu wracam do swoich warunków, staję się coraz silniejszy, z wyjątkiem tego, że muszę zmagać się z kulą i torebkami przez pięć dni w tygodniu.

Często noszę torebkę na szyi, aby móc się odpowiednio utrzymać w kuli. Chodzenie ze szkoły do domu jest moim codziennym zadaniem. Ale nie jest to problem w porównaniu z głośnymi ustami mojej ojczymowej mamy. Zwłaszcza, gdy chodzi się samotnie i musi się odseparować od ludzi. Myślę, że jest to właściwa droga, więc mogę udawać, że moje życie się nie zmieniło i jest dokładnie takie, jak to, gdzie je zostawiłem. Jedyną dziwną rzeczą, o której wiem, że nie powinienem się uśmiechać, jest uśmiechanie się do ludzi, którzy mają tendencję do uśmiechania się do mnie i witania mnie. Wielkie NIE dla mnie. Mam wszystkie powody, by unikać grup i przyjaciół w szkole; nieważne, jak bardzo są przyjaźni.

Jednym z nich jest połączenie. Nie chcę, aby moje ohydne życie zostało ujawnione ludziom, z którymi będę się tymczasowo zapoznawać. to tylko pogorszy mój wizerunek.

Po drugie, to moja pamięć o przeszłości. Staram się zapomnieć, że przebywanie w grupie tylko mnie denerwuje i niepokoi o to, co się stało.

A ostatnie jest takie, że ja jestem inny. I jestem tego całkowicie świadomy. Nie potrzebuję nikogo, kto zrozumiałby moją sytuację i dał mi swoją jednostronną opinię, która jest motywowana poglądami tego nadkrytycznego społeczeństwa. Wolę iść sam i poruszać się z własną kulą przez osobną autostradę z dala od tych wielu studentów. Mogę być pewny siebie idąc sam. Tak się czuję w każdym kroku, jaki robię w moich czterech nogach. Moje zmagania czasami mnie rozśmieszają. I nie mając nikogo w pobliżu, mogę być głupia, jak tylko chcę na tej wąskiej drodze.

Ale takie podróże są czasami okropną rzeczywistością. Odkrycie, które sprawiło, że żałuję ulicy, którą obrałem.

"Co? Poprosiłem o dwa gramy skały i to wszystko, co masz?"

Głośny szept kobiety, którą rozpoznają moje uszy. Podchodzę bliżej, by potwierdzić swoje podejrzenia, ale w mojej głowie coś mi mówi, że muszę się mylić. Ulice pełne przestępstw i wykroczeń ludzi, którzy starają się poprawić swoje życie, wchodząc na tę krawędź noża. Uczyniłem wszystko, aby nie dać się odkryć, gdyż poruszam się w ciszy, zmuszając każde uderzenie mojego serca do tego samego. Poczułem, że brama domu, do którego zmierzam, krzyczy dalej. Ciało jest popychane do wewnętrznej strony bramy, a ja widzę ich stopy z dolnej części bramy. Narażając ubranie kobiety, którą podejrzewałem. Słyszałem jęki i odgłosy warg, które się nawzajem supportują. Dźwięk przyprawił mnie o drżenie i panikę.

"Dam ci więcej niż dwa gramy, tylko upewnij się, że tym razem zrobisz to lepiej" - mówił mężczyzna dyszący do oddychania.

Nie mogłem powstrzymać moich dłoni przed trzęsieniem się, a może całego ciała. W moim strachu, zdecydowałem się odejść. Ale kiedy ruszyłem kulą, natknąłem się na śmietnik. Dopiero wtedy zdałem sobie sprawę, że teren jest pełen piętrzących się śmieci i nie mogłem tego zauważyć, bo wiele razy wybrałem się na trasę. Wyszedł pies, który obudził się ze snu za stertą śmieci.

"Kto to jest?"

Nerwy mi odeszły, gdy głos podnosił się z bramy. W pośpiechu wyskakuję do kosza i chowam się za nim z kulą na piersi, obejmując go szczelnie. Brama nagle się otworzyła, a jej hałas rozerwał moje łzy w gwałtownej panice.

"Co to jest?" Głos mężczyzny brzmiał wściekły.

"To tylko pies!"

Pies szczeka i coś go uderzyło, żeby piszczał.

Jak tylko poczułem, że ich nie ma. Wyczołgałem się ze śmieci i zjechałem z powrotem na główną drogę. Szukając po obu stronach drogi, żeby się upewnić, że nie ma ich w pobliżu.

"Jakubie"? Moja koleżanka z klasy, Mary Grace, znalazła mnie wychodzącego z wąskiej drogi z całym tym brudem, który nabyłem z tej kupy śmieci.

"Dokąd poszedłeś? Co się z tobą stało?"

Mój ciężki oddech pozwala mi mówić. Ja tylko się na nią gapiłam. Wciąż traumatyzuje się z tego, co odkryłem. Zabrała chusteczkę z torby i wytarła nią moją twarz. Śmiała się - rozbawiła się tym, co zobaczyła.

"Zgaduję, że to dlatego chodzisz sam, prawda? Ty i twoje małe przygody" - mówiła radośnie. Odwracam głowę, żeby uniknąć jej spojrzenia.

"James?"

Zaczęłam ruszać nogami do przodu. Zdałem sobie sprawę, że idzie za mną, gdy zauważyłem odbicie samochodu, który mijaliśmy.

"Czego chcesz?"

Odwracam się, żeby się z nią zmierzyć, a ona nadal uśmiecha się po tych wszystkich szkwach, które jej dałem.

"Nic, chcę tylko wiedzieć, dokąd tym razem idziesz"

"Idę do domu. Przy okazji, dziękuję"

Uśmiechnęła się jeszcze bardziej

"Okay"

"Ty też nie idziesz do domu?" Przez chwilę zapomniałem o tym, co widziałem na poprzedniej ulicy.

"Jestem. Będę czekał na autobus tutaj"

Jej uśmiechy i działania przeszkadzają mi, jest jak radość z podążania za mną. Nigdy nie znałem jej tak bardzo w szkole. Siedzimy z dala od siebie i mniej zależy mi na moich kolegach z klasy. Rozpoznaję ją i innych tylko po tym, jak zadzwonili, zanim panna Honasan zacznie zajęcia. Odwracam się i idę dalej w kierunku domu. Załatwiłem sobie sprawę, jak powiem o tym Jedowi. Będzie bardziej zdruzgotany, jeśli dowie się wszystkiego.

Wróciłem do domu, znajdując zwykłą ciszę dominującą w ponurym domu. Ona nie jest nigdzie w zasięgu wzroku, podobnie jak Jed. Moje nogi się kruszą i zaczynają odczuwać ból zmęczenia. Nie wiem, czy mam się cieszyć, czy przygnębiać się tym wszystkim, co się dzieje. Przynajmniej wiem, że jestem bliski uzdrowienia.

Pochyliłem kulę do ściany i usiadłem na schodach. Uciskając moje nogi w dół, by poczuć więcej. Przez długi czas nigdy nie czułem się tak chętny do powrotu do zdrowia. Dotknęłam nóg do ziemi, myśląc, że byłoby miło, gdybym mogła chodzić bez pomocy tych par drewnianych nóg. Wspiąłem się na górę i zostawiłem kulę do ściany. Próbowałem pochylić ręce w ścianie, gdy szedłem w kierunku mojego pokoju, jeden krok na raz i zabrać mnie na zawsze, aby po prostu podnieść stopy do przodu. Najdłuższy spacer, jaki kiedykolwiek w życiu zrobiłem w odległości zaledwie kilku metrów. Aż w końcu wylądowałem na łóżku z całą tą satysfakcją, która we mnie bije. Zamknąłem oczy, żeby odpocząć. Pamiętając, jak wszystko działo się w mgnieniu oka przed zachodem słońca.

Obudziło mnie głośne brzęczenie w moim pokoju. Susan zbierała moje rzeczy w pudełku.

"Co ty robisz?"

Ona mnie zignorowała.

"Hej!" Krzyczałem i próbowałem wstać, żeby zabrać swoje rzeczy z powrotem. Ale ona zepchnęła mnie na ziemię

"Ty!" podeszła do mnie bliżej, gapiąc się na mnie, grożąc swymi gniewnymi olśnieniami i zawróciła, by dalej zabierać wszystkie moje ubrania "Jesteś dla mnie tylko zobowiązaniem". Karmię cię, mieszkam i nawet wysyłam do szkoły! ”

"Wydział edukacji płaci za moje czesne. Biznes mojego ojca jest powodem, dla którego masz błogie życie. Uratował cię przed rynsztokiem, a ty nie jesteś nawet jego legalną żoną!" Zaciskałem ręce na podłodze, kiedy czułem ból po jej policzku.

"Tak! A twoja święta matka zostawiła cię, bo ty i twój ojciec jesteście bezwartościowi".

"Myślisz, że ja nie wiem. Sprzedałeś wszystko, gdy ojciec umarł, by wypełnić swoje bezużyteczne ambicje. Tylko Jed wierzy w twoje kłamstwa. Ale poczekaj, aż powiem mu o twoich sprawach".

Była oszołomiona po usłyszeniu moich słów i cofnęła się rażąc mnie jeszcze mocniej. Ona jest bardziej wściekła, co mogę powiedzieć. Ale ja nie mam żadnych planów na wstrzymanie się. Wszystko, co widziałem, jest dowodem jej kłamstw i zdrady.

"Tak - tak Susan. Wiem. Wiem wszystko, co robisz. Wiem, dlaczego jesteśmy w głębi duszy. Wiem, dlaczego pozwalasz, by wszystko spadło z powodu twojego uzależnienia. Nie jesteś tak dobry, jak Jed pamięta, że jesteś. Jesteś tylko kolejnym diabłem udającym"

Czułem się, jakbym wyciągnął z klatki piersiowej cierń, gdy wykrzykiwałem swoje uczucia. Jednak nowy, bardzo bolesny cierń został zastąpiony w

"Oh yeah. Ja tak, nie zaprzeczę. Ale Jed się o tym nie dowie". Jej twarz jest nudna i pusta.

"Naprawdę? Myślisz, że nie powiem mu o twoich sekretach, ciężko pracował w szkole i na pół etatu i wiedząc, że marnujesz na to jego pieniądze? "mój oddech i bicie serca wydaje się głośniejsze niż mój głos. Uciskając moje dłonie, gdy dociskam je mocniej do podłogi.

"Nie... nie będziesz" spokojnie odpowiedziała, ale jej twarz pozostaje pusta. "Wytnę ci pierwsze usta, zanim będziesz mógł mu cokolwiek powiedzieć", wyrywa nożyczki ze stołu obok i powoli idzie do mnie.

"Jesteś szalony! JESTEŚ SZALONY!"

Trzyma nożyczki otwarte, kołysze się jak jakiś szaleniec - lub śmieje się do mnie. Złapała mnie za twarz, obcięła paznokcie moim laskom. Moje łzy padały zarówno ze strachu jak i bólu, który czuję z jej rąk i starałem się jak mogłem zapiąć moją drżącą pięść o moje łóżko.

"Może utnę ci język. To prawda! Nie możesz chodzić, a teraz nie możesz mówić" - przyciąga otwarte nożyczki bliżej moich ust, gdy próbuje je otworzyć. Wyłaziłem, żeby zrobić hałas, mając nadzieję, że ktoś mnie podsłucha i pomoże mi z Susan "Ahhhh... Shhh... Zrobię to szybko, żebyś nie czuł bólu".

Jej głowa chwieje się, gdy śmieje się w przerażającym głosie.

"Tylko nie ruszaj się dobrze, Sshhhh"

Unikam kontaktu moich oczu z jej. I nagle, delikatna wada, która pomogła mi uwolnić się od jej chwytów. Kopnąłem ją w brzuch i przeczołgałem się od niej

"Ty suko!" krzyczała. Uderzając mnie nożyczkami, których starałem się unikać. Dopóki jeden z jego ust nie wylądował na podłodze, raniąc matę i drewno pod nią.

"Obwiniasz mnie za to okropne życie? Ale zapomniała, kto tak naprawdę jest powodem wszystkiego?" zaczęła chichotać, wyciągając nożyczki z podłogi. "Nie jestem udawanym diabłem. To ty. TY, KTÓRY SPRAWIASZ MI CAŁY BÓL! WSZYSTKIEGO!"

Podnosi nożyczki i znowu zaczyna mnie tym atakować. "Ty nędzniku! Ty draniu!" krzyczy, gdy po mnie przychodzi. Odwracam się do niej twarz z ziemi, zdając sobie sprawę, że jestem już pod moją szufladą i wskazujące krawędzi nożyczki jest prawie w mojej szyi, kiedy złapałem jej ręce i bout do pchania go z powrotem.

"Oh ty walczysz huh! Jak śmiesz!"

Straciłam zmysł skupienia się na tym, jak odebrać mi kierunek nożyczek i wydostać się od niej. Zebrałem wszystkie swoje siły, aby podnieść ciało na zewnątrz, ale szuflada za nami kołysała się. Obie to zignorowałyśmy, aż wazon wpadnie do głowy Susan i spadnie na podłogę. Pośpiesznie wyczołgałem się od niej myśląc, że znowu mnie zaatakuje, próbowałem wstać, żeby uciec. Ale nie ruszyła się ani na chwilę. Pomyślałem, że to tylko jedna z jej postaw, bo już straciła zdrowy rozsądek. Ale wyszła z niej krew, a jej ręce zaciskają się na podłodze.

"Susan?" Próbowałem wcielić się w jej ciało moimi stopami, żeby zobaczyć, co z nią jest, ale zachowałem dystans. Jednak gdy jej ciało samo się odwróciło, wyciągnęła nożyczki z żołądka i nadal próbowała mnie zaatakować nawet przy jej stanie. Ale jej ruch nie jest tak agresywny jak wcześniej i nie jest już groźny, ponieważ jest już uszkodzona. Odbieram jej nożyczki i staram się oprzeć ją na bokach łóżka, bo oboje nie możemy wytrzymać.

"Co się do diabła dzieje?"

Jed przyszedł z moich pleców. Ku mojemu zaskoczeniu, nie mogłem mówić.

"Mamo? Mamo!" krzyczał, "co jej zrobiłeś?" Zamarzłem na sekundę i próbowałem chybotać głową, ale jego twarz jest już opalona gniewem.

"I-I don't Jed"

Nie wiem, jak wytłumaczyć, co się stało, skoro jego osąd jest szybki do przyjęcia. Jed to ktoś, kto zrozumiałby wszystko, gdybym spróbował mu to wyjaśnić, ale nie wiem, dlaczego jego wyraz twarzy jest tak ponury, jakby nie zaakceptował żadnego z moich wyjaśnień. Wrócił na zewnątrz, a nawet z mojego pokoju słyszę jego wołanie o pomoc. Wyrzucam nożyczki i widzę Susan powoli tracącą oddech. Nie mogłem się zmusić do ponownego jej dotknięcia. Za chwilę, ludzie weszli do mojego pokoju i już zbliża się hałas karetki, gdy ludzie wynosili Susan. Trzymałem się za szufladą, wciąż drżąc i dezorientując się co się stanie. Czy ja pójdę do więzienia? Czy uwierzą mi, gdy powiem, że to ona próbowała mnie zabić?

Jed nie wrócił. Czołgam się, żeby go szukać, błagam go, żeby mi uwierzył. Krew Susan zaplątała się w moim pokoju w kierunku schodów, a ja próbowałem przetrzeć ją ubraniem rozpraszającym się w moim pokoju. Krew Susan z odrobiną łezki od mojej.

Wiem, że ludzie nadal są na zewnątrz plotkują. Mówiąc o mnie i o tym, jak zabiłem Susan. Jakże niewdzięczny jestem jej, która mnie wychowała, nawet jeśli nie jestem jej własną krwią.

Dotarłem do jednej z moich kul i zmusiłem się, by z nią stanąć. Ludzie z zewnątrz otworzyli drzwi, żeby patrzeć jak spadam z moich niedorzecznych prób. Ich oczy denuncjują mnie z moim obecnym profilem. A ich głosy szeptów są ogłuszające. Trudno mi się od nich oderwać. Z dala od ludzi kpiących ze mnie, których znam, a którzy nigdy mi nie uwierzą.

Przechodzę obok nich i kieruję się bezpośrednio na główną drogę, gdzie mogę śledzić odgłosy ambulansu, by zobaczyć Jeda. Żeby z nim porozmawiać... właściwie tym razem.

Zignorowałem ból ciężkiej drogi i skupiłem swoją uwagę na tym, co powinienem zrobić. Nieważne, ile razy się przewróciłem. Myślę, że nie mam gdzie się podziać. Nie mam już żadnej innej rodziny, jakbym żałował, że muszę walczyć z Susan tylko o jakieś ubrania. Żałuję, że musiałem jej powiedzieć, jak bardzo znam jej sekrety. Nigdy nie powinienem był. Ale może Jed będzie słuchał. Może będzie słuchał.

"Hej chłopcze? Wszystko w porządku?"

Odwracam się, żeby zobaczyć, kto do mnie zadzwonił i to był gliniarz.

"Wszystko w porządku? Wydajesz się być ranny?"

Gliniarz wpatrywał się we mnie przez chwilę, zanim spróbowałem uciec tak szybko, jak tylko mogłem. Jednak w moim stanie, mój bieg jest tak samo żmudny, starając się utrzymać równowagę każdego kroku, aby móc poruszać się szybciej. Dopóki nie padłem na kolana z kulą w drodze.

"Hej chłopcze!" Policjant wciąż dzwoni i chwycił mnie swoimi wielkimi rękami "Uspokój się chłopcze, nie zrobię ci krzywdy" Odchyliłem od niego ręce i próbowałem przeczołgać się do przodu.

"Zostawcie mnie! Zostawcie mnie!" ale on ciągle za mną idzie i próbuje mnie złapać raz za razem.

"Powiedziałem: "Zejdź mi z drogi!" Czołgam się, zmuszam się do wstania i skupiam całą swoją siłę na nogach i stopach, by pchać ziemię i biegać do przodu. Nigdy nie zdawałem sobie sprawy, że już biegałem, dopóki nie znalazłem się w pobliżu szpitala, do którego prawdopodobnie sprowadzono Susan, ponieważ jest to najbliższy szpital, jaki znam.

Ukryłem się z tyłu znaku pocztowego i skłaniałem się na nim do oddychania. Upewniłem się, że gliniarz nie będzie już na widoku, zanim zaprowadzę się do szpitala.

Wszyscy się na mnie gapią, łącznie z pielęgniarkami w strefie informacyjnej lobby.

"Boże młody człowieku, co się z tobą stało?" Mówi do mnie starsza pani pielęgniarka. Zdumiony. To zrozumiałe tylko dlatego, że całe moje spojrzenie jest naprawdę w rozsypce. Ale mój wygląd nie ma nic wspólnego z moim celem.

"Susan...susan Delgado? Gdzie ona jest? Jaki jest jej pokój?" Odpowiadałem na dyszenie ze zmęczenia.

"Na pewno nic ci nie jest?"

"Nic mi nie jest! Powiedz mi, gdzie jest jej pokój!"

"Nie możemy po prostu pozwolić ci bez dowodu tożsamości udowodnić twojego związku z pacjentem". Zatrzymałem się, ale zawahałem się cofnąć. Aż przyszła kolejna pielęgniarka

"Susan Delgado musi być tą nową pacjentką, którą popędzono na OIOM".

Wieści sprawiły, że byłem bardziej zdenerwowany.

"OIOM jest na drugim piętrze i możesz poczekać na zewnątrz w holu"

Spieszyłam się do instrukcji pielęgniarki. Winda się otworzyła, a ja pobiegłem w jej kierunku. Kobieta, która pierwszy raz zatrzymała dla mnie windę. Ona też była zdezorientowana moim wyglądem, ale zignorowałem jej wypowiedź. Ta sama reakcja wpadła na mnie, gdy wychodziłem z windy. Albo pewnie wszyscy w holu, gdy przechodzę obok.

"Co ty tu robisz?" Jed wstał z miejsca do siedzenia "możesz chodzić?"

"Jed, posłuchaj. Wiem, co myślisz, ale chcę tylko, żebyś zrozumiała, co się stało z twoją mamą, to nie moja wina. Próbowała mnie zabić nożyczkami..." Próbuję wyjaśnić, ale widzę jego twarz nieprzekonaną i złą

"Nie James. Wiem wszystko. Wszystkie twoje kłamstwa!"

"Co? Jed Nie kłamię, uwierz mi. Wiesz, że nigdy cię nie okłamię."

"Yeah! Nie kłamałeś o tym, jak umarł tata?"

Mój opanowany wahał się, gdy wskazywał na mnie palcami.

"Obwiniasz mnie też za tatę?"

"Tak! bo to ty go zabiłeś. Mama ma rację, jesteś kłamcą".

"Jed. Nigdy cię nie okłamałem ani razu".

"Oh yeah! Skłamałeś o swoich nogach. Kłamałeś o wszystkim! Mama mówiła mi, a ja odmówiłem słuchania. Widziałem cię na Cornail Street, tylko udawałaś wątłą, ale prawda jest taka, że kradłaś z kieszeni mamy za narkotyki... ty! Sprawił, że uwierzyłem, że jesteś uczciwy i godny mojego zaufania, ale nie. Nie wniosę sprawy przeciwko tobie, ale chcę, żebyś odeszła i od tej pory trzymała się od nas z daleka".

Moje stopy się nie ruszają. Całe moje ciało zamarzło. Nie mogłem uwierzyć w to, co powiedział Jed. Zawsze myślałem, że jest jedyną osobą, która by mnie zrozumiała, usłyszała mnie. Dlaczego nagle się zmienił? Z powodu tej kłamliwej kobiety, która zatruła jego umysł, by zrzucić całą winę na mnie. Ale jak mogę mu to wszystko powiedzieć, skoro jego umysł jest zamknięty na wszystko, co powiem?

"Nie mam takiego brata jak ty! Jesteś dla mnie obrzydliwy"

Jego ostatnie słowa skłaniają mnie do wycofania się. Odwrócił się do mnie plecami, zanim mogłem odejść. Nigdy nie mówię ani słowa, bo jestem zbyt zraniony, by wypowiedzieć ból, który powoduje. Ból, który mi sprawiają. Aby uświadomić sobie, że nie pozostało mi nic poza konsekwencjami bycia innym i urojeniami.

ROZDZIAŁ VII

Inne dzieci z naszych sąsiadów często się ze mnie śmieją. Nazywają mnie imionami jak dziwak albo dziecko ducha, kiedy wychodzę na zewnątrz, żeby zobaczyć jak się bawią. Nigdy nie miałem przyjaciół z naszej okolicy, więc dużo gram z Alfredo. Nie wiem dlaczego nazywają mnie dzieckiem ducha - nie sądzę, że jestem blady i chudy. Może to dlatego, że nie bawię się z innymi dziećmi, poza gezmo i ostatnio z Sarą. Ja tylko się na nie gapię. Lubię je oglądać. Zastanawiam się, dlaczego mieliby być dla mnie tacy wredni. Ale to też jest męcząca praca i wolę w naszym domu, gdzie mama może zrobić mi przekąski i poczuję się lepiej.

Teraz wiem, dlaczego. W końcu zrozumiałem, dlaczego jestem dzieckiem ducha. Bo ja nie mam rodziców. Bo jestem adoptowany.

Mama spała obok mnie. Jeszcze spała, kiedy próbowałem uwolnić się od jej uścisku, ale moje chybotanie ją obudziło i od razu tego żałowałem.

"Jak się masz?"

"Jestem piękna, mamo, spóźniliśmy się do szkoły"

Mama pędziła do drzwi

"Pospiesz się i napraw się"

Mama milczała na ten temat, a ja chciałem jej o tym powiedzieć. Ale za każdym razem, gdy na nią patrzę, parzyła się ze wszystkimi swoimi wzruszeńkami podczas ustawiania kierownicy. Martwię się, że to może być prawda, a mama kłamała. Nie czułem się lepiej, dopóki nie dostaliśmy się do szkoły. Mama zazwyczaj nie odprowadza mnie do naszej klasy, ale chciała się upewnić, że tego dnia dotrę do mojej klasy.

Idziemy korytarzem i spotykamy się z panią w tym samym mundurze, z panną Palmą wychodzącą z naszej klasy. Zatrzymuje się, gdy widzi, jak się zbliżamy i patrzy na mamę na tyle długo, że moja mama się waha.

"Dzień dobry, jest pan tu nowym nauczycielem?" powiedziała mama. Kobieta zwraca się do mnie i z powrotem do mamy

"Tak, jestem, uczę drugiej klasy po drugiej stronie korytarza".

Mama była oszołomiona, bo oboje wiemy, że to moja klasa, a naszą nauczycielką jest panna Palma

"Dlaczego? Czy pani Palma nie była nauczycielką 2-A?"

"Tak, ale ostatnio wiele rzeczy wydarzyło się w jej domu."

Mama znowu się martwi, kiedy na nią spojrzałem. Wiem, że przyjaźniła się z panną Palmą, może są tak blisko jak ja i gezmo i Sarah.

Patrzyła w inny sposób, a jej ręce trzymały się mocno na moim nadgarstku. Nigdy na mnie nie spojrzała, dopóki nie wszedłem do naszej klasy ze wszystkimi kolegami z klasy oprócz Sary. Jej miejsce jest wciąż puste i martwi mnie myśl, że ona i panna Palma nie przyjdą. I nie wiemy, czy kiedykolwiek wrócą. Odwracam się, by zobaczyć mamę od drzwi, macha do mnie uśmiechnięta, ale nie tak szczęśliwa, jak kiedyś, gdy wysyłała mnie do klasy. Pomachałem do tyłu i usiadłem do mojego krzesła. Jestem taka zdenerwowana tym dniem, a najgorsze jest to, że Sara i panna Palma są nieobecne. Wiem, że wiele rzeczy mogło się dziać w ich domach i nie mogę oczekiwać niczego na ten dzień. Ale nadal mi to przeszkadza, zwłaszcza gdy coś jest nie tak.

"Sarah już nie wróci, Tom. Jej mama przyprowadziła ją do Kalifornii" gezmo szeptane od tyłu. Odwracam się, by stawić mu czoła

"Kiedy?" gezmo podniósł ramiona z otwartą ręką i wzdęciami dolnych warg. To jego zachowanie przeszkadza mi, bo wydaje się, że z czegoś kpi.

"hmmhmm nie wiem, może wczoraj... była zbyt nieobecna, prawda?"

"Tak... ale przynajmniej się z nami nie pożegnała".

"Nie wiem - może jej mama jej tego zabrania".

"I dlaczego miałaby to robić?"

"Hmmhmmm nie, że jesteśmy przyjaciółmi od tak dawna. Może jej matka myśli, że wcale nie była jej przyjaciółką. To znaczy, że prawie z nikim nie rozmawia".

Logika Gezmo'a irytuje mnie najbardziej. Nawet jeśli jej matka nie wie, że ma przyjaciół, ale Sarah wie, że jesteśmy, a jeśli zaprzeczy, to będzie palantem.

"Mama Sary jest taka wredna, może zmusiła ją do wyjazdu z nią do Kalifornii".

"huh?"

"Bądź spokojna, panna Claire nadchodzi"

Szybko stanęliśmy twarzą w twarz z przednią tablicą i usiedliśmy tak dobrze, jak tylko mogliśmy, gdy zobaczyliśmy nowego nauczyciela zbliżającego się do nas.

"Więc? O czym wy mówicie?"

Gezmo i ja chybotaliśmy głową i gapiliśmy się na nią. Starałem się nie okłamywać nowego nauczyciela i może gezmo też. Nie jest tak przyjazna jak panna Palma i nic w niej nie jest godne zaufania.

"Czy to... o mnie? Czy o panią Henderson? Albo nazywacie ją panną Palma, tak? "Jej dziwny sposób mówienia sprawia, że jest bardziej rozdrażniona. Wyolbrzymia swój ton, by zabrzmieć przyjaźnie, ale bardziej jakby starała się to zrobić.

"Nie rozmawiamy o niczym, to nie twoja sprawa."

Czułem, że ręka gezmo uderzyła mnie w plecy, ale to nie boli. Wiem, że próbował mi tylko przypomnieć, żebym nie rozmawiała z nauczycielem. Pomimo jego wysiłków, nadal patrzę na nią prosto, nie żałując słów, które właśnie powiedziałem.

"Okay... Przepraszam za to. Po prostu zignoruję to, co robicie, ale postarajcie się nie zakłócać zajęć. Więc... sprawdźmy twoją obecność"

Nowa nauczycielka wróciła do swojego stolika i zaczęła wołać nasze imiona na obecność.

"Rodzice Sary są rozwiedzeni"

Gezmo znowu szeptał, ale tym razem jego usta są bliżej moich uszu. Zbyt blisko, by mnie niepokoić. Dlaczego Sara się z nami nie pożegnała? Czy panna Palma wróci? Wyjęłam moją książkę z torby, ale szczerze mówiąc nic nie czuję i chciałam tylko wrócić do domu i obejrzeć Phineasa i Ferb w sieci kreskówek.

"Ahhmm tomy, twoja mama powiedziała, że spóźni się po ciebie, więc poczekasz na nią w parku, okej?"

Byłem zdezorientowany, dlaczego mama nie powiedziała mi tego sama. Wiem, że była taka zdenerwowana, ale rozmawiała z nowym nauczycielem niż ze mną. Może pomyślała, że zapytam ją o tatę, jeśli spróbuje ze mną porozmawiać. Łatwo mi powiedzieć, po prostu poczekaj w parku przed budynkiem szkoły, aż przyjedzie. Dlaczego nie mogła mi tego po prostu powiedzieć? Albo powiedzieć mi wszystko?

Nie powiedziałem nic w odpowiedzi. Skupiłem się na książce, nie zdając sobie sprawy, w której jestem stronie. Zacząłem czuć się niekomfortowo rozmawiając z dorosłymi ludźmi. Albo do kogokolwiek. Z wyjątkiem gezma, którego twarz wygląda tak entuzjastycznie i zawsze był energiczny wobec wszystkiego; nawet w smutne dni pozostaje energiczny.

Może gdyby Sarah chodziła do szkoły, nie mógłbym z nią tyle rozmawiać, bo oboje czujemy się samotni.

Po zajęciach, idę prosto na swoje zwykłe miejsce, gdzie czekam na mamę. To jest to samo miejsce, w którym Sarah szła za mną i siedziała tuż obok mnie. To było irytujące, ale nie sądziłem, że będę za tym tęsknił, dopóki ona nie odejdzie. Wszyscy w parku wydają się być zadowoleni, oprócz mnie. Łysy dzieciak z drugiej klasy z przyjacielem bawiącym się huśtawką i ciągle tak mocno się śmiejąc. Nawet dzieci, które bawią się czerwonym balonem, są szczęśliwe. I rój uśmiechniętych, głośnych twarzy otaczających park jak mrówki. Czatowanie w grupach, podczas gdy inni chodzą z rodzicami z torbami, które niosą. Wszyscy są zajęci wracaniem do swoich własnych domów. Zastanawiam się, czy oni też mają przed sobą sekrety, albo ilu z nich ma rozwiedzionych rodziców jak Sarah. Albo niekochany. Porzucony.

Nagle zrobiło mi się ciężko oddychać. Jakby moja klatka piersiowa opadała, tak i usta. Ugryzłam dolne wargi, żeby się nie poddała. Przytulam się mocno do torby i naprawiam oczy, żeby nie płakać, przynajmniej wiem, że mama mnie kocha. Nie chcę być adoptowany, chcę być synem mojej mamy.

"Hej!"

Głos Gezmo mnie zaskoczył. Stał w rogu tuż obok mnie, a ja nawet nie zauważyłem.

"Co?" Odpowiedziałam gniewnie.

"Czy to nie jest tata Sary?"

Zwrócił uwagę na mężczyznę stojącego przy wejściu do budynku szkoły.

"Yeah I guess"

"Czy on nie wiedział, że nie ma tu Sary?"

"Nie wiem"

Facet podnosi głowę, szukając kogoś w holu. Może szuka Sary i trochę gezmo ma rację. Czy on nie powinien wiedzieć, że Sary nie ma w szkole, skoro jest tatą Sary? Kiedy patrzę na niego uważnie, nie jest już tak straszny, jak za pierwszym razem, kiedy go zobaczyłem. Wygląda na zmęczonego i zaniepokojonego.

"Czy powinniśmy z nim porozmawiać? ”

"Co? Dlaczego? Co mu powiemy"

"powiemy mu, że Sary tu nie ma"

Odwracam wzrok na gezmo. Zastanawianie się, czy to dobry pomysł, czy nie.

"GIZZY!"

Znowu byłem zaskoczony, gdy samochód zatrąbił dla nas z drogi. I o dziwo, tak samo jak gezmo. Kobieta, która dzwoniła, to mama Gezmo. Więc pomyśleliśmy, że powinien pójść i zostawić mnie w tyle, żeby dokończyć decyzję o ojcu Sary. Oboje patrzymy na siebie, a jego oczy *mówią,* że *przepraszam*, a moje, że *cię za to nienawidzę.*

"Oh-oh! Przepraszam Tom, mamusie muszą lecieć!"

I miałem rację. Zostawił mnie z poczuciem winy za ojca Sary i bez żadnego konkretnego powodu mnie to zdenerwowało. Postanowiłem nie zawracać mu głowy, bo wiem, że jest tu z innego powodu. Ale z drugiej strony mogę poczekać na mamę i poprosić ją, żeby porozmawiała z tatą Sarah. Ale nie mogłem oderwać od niego oczu. Czuję się zazdrosny o Sarę, że jej tata przyszedł do niej, nawet jeśli on i mama Sary nie są już razem. Musiał ją naprawdę kochać.

Nagle poczułem, jak moje stopy poruszają się w jego kierunku. Chcę się odwrócić i wrócić do ławki, na której siedziałam. Ale dla mnie jest już chyba za późno. Stoję już za nim, a on już mnie zauważył.

Nasze oczy spotkały się i to mnie zdenerwowało, że w każdej chwili mogłem zemdleć. Ugryzłam się w usta i oddycham, żeby się uspokoić, ale to nie pomaga.

"Sir, ona nie chodziła dzisiaj do szkoły"

"Przepraszam?"

"Sarah - nie chodziła do szkoły dzisiaj i wczoraj też"

"Oh! Czyżby? ”

Wyprostował się do tyłu i rzucił ręce na talię, wpatrując się jeszcze w korytarz. Chciałem jej tylko powiedzieć, że Sary nie ma w szkole, ale chyba nie wiedział, że nie ma jej już nigdzie w Kanadzie. Może dlatego, że pani Higgins nie powiedziała mu o ich odejściu, bo jest na niego wściekła. Nic dziwnego, że Sarah nie przyszła się z nami pożegnać, zanim wyjechali. Ale wszystko w tym jest tylko według gezma. A ja nawet nie wiem, skąd on ma te informacje.

"Gezmo powiedział mi, że Sarah jest teraz w Kalifornii ze swoją mamą, nie wiem, czy to wiesz, ale chyba nie wiesz." Spojrzał na mnie z powrotem, jego twarz się zmarszczyła.

"Gezmo?"

"Tak! To mój przyjaciel i mój kolega z klasy. I tak samo Sarah"

"ahhh... dzięki" podrapał ręką tył głowy i dwukrotnie pogłaskał włosy, patrząc z powrotem na korytarz. Zacząłem wątpić, czy mnie rozumie, czy jest zagubiony i myśli o innych rzeczach. Mama mówi, że w głowie dorosłych dzieje się wiele rzeczy. Zastanawiam się, czy to jest teraz jego sprawa. Stoi przy wejściu od dłuższego czasu i nadal nie chce oderwać oczu od korytarza.

"Dziękuję...dziękuję" on jest dziwny i dziwny jak Sara. Ciągle mi dziękuje i wciąż odwraca się na korytarz, nawet gdy zrobił już kilka kroków.

Mama wpadła na niego, ale zignorowała go, bo nie zna go tak jak ja. Biegnęła do mnie, gdy tata Sary odchodzi z głową na ziemi.

"Przepraszam, mama musiała coś zrobić... Jesteś głodna? Możemy wziąć coś do jedzenia w McDonaldsie, jeśli chcesz".

Nie wiem, co jej powiedzieć. Pan Higgins nadal mnie rozprasza, kiedy mama macha mi rękami na twarz.

"TOMY! Wszystko w porządku?"

Odwraca się, by zobaczyć na co patrzę, zanim zwróci się do mnie tyłem.

"Co się stało? Znasz tego gościa?"

"Nie, po prostu myślałem, że jest smutny"

Skłamałem.

"Oh! Cóż, ludzie mają swój własny problem, więc idziemy!"

Trzymała mnie za rękę na nadgarstku i kierowała się w stronę naszego samochodu, który zaparkowała na najbliższym wolnym miejscu. Przechodzimy przez ojca Sary, który stoi po drugiej stronie. Patrzę na niego, gdy mama próbuje wciągnąć mnie do samochodu. I w końcu wszedłem.

Szkoda mi było taty Sary. Może nie wiem, co zrobił, ale mogę powiedzieć, że już tego żałuje. Poszedł na dno, kiedy powiedziałam mu o Sarah w Kalifornii. Rzuciłem okiem na mamę, aby zobaczyć, czy mogę porozmawiać o Sarze i jej tacie z nią, ale jej skupienie jest na drodze brudząc jej brwi nad ulicami, które mijamy. Wygląda na zmęczoną i zmęczoną. A kiedy w końcu wróciliśmy do domu, zatrzymała się za kierownicą, zanim faktycznie wyszła z samochodu.

Zwróciłem uwagę bezpośrednio na mój pokój, aby się przebrać i spojrzeć na mamę w kuchni, która nadal się rozdziela.

"Mamo? Nadal jesteś na mnie zły?"

Zapytałem, jej czoło pomarszczone z zaskoczenia i w niezgodzie

"Nie kochanie, co cię skłoniło do tego, że to ja?"

"Wydajesz się zdenerwowany"

"Nie. Nie jestem"

Podchodzi do lodówki i otwiera ją.

"Jesteś głodny?"

"Powiedziałeś, że idziemy po McDonaldsa, dlaczego o tym zapomniałeś, jeśli nie jesteś zdenerwowany?"

"Oh! tak, powiedziałem, że przepraszam. Po prostu, mama jest ostatnio bardzo zestresowana, wykonuje dużo pracy w biurze. Przepraszam"

Chciałem porozmawiać z mamą o Sarze, ale nie mogłem dać jej więcej rzeczy do myślenia teraz, gdy ma kłopoty w pracy.

"Mamo?"

"Tak?"

"Czy mogę dziś zjeść kolację wcześnie i spać wcześnie?"

"Tak!" - Oczywiście. Zrobię omlet." Uśmiechnęła się.

Po wczesnej kolacji umyłem zęby i wspiąłem się sam do łóżka. Czuję się niekomfortowo, gdy mama nie idzie za mną do sypialni i całuje mnie w czoło, zanim pójdę spać, co zawsze robi. Być może jej problem z pracą jest tym razem zbyt duży, że musi zwrócić na niego pełną uwagę i zapomnieć o mnie. Ale jest w porządku. Kiedy to się w końcu skończy, wszystko wróci do normy. I mam nadzieję, że to się wkrótce skończy.

Zamknęłam oczy i ciepły płyn spływał mi do policzków. Nie wiem, skąd to się wzięło. Pewnie dlatego, że moje życie staje się coraz bardziej smutne, a ja go nienawidzę.

Myślałem, że jestem tylko na wpół śpiący, ale obudziłem się z tym całym hałasem wydobywającym się z salonu.

Słyszałem głos mamusi i kolejny znajomy. Wyskakuję z łóżka i powoli otwieram drzwi, aby nie wydobywały się z niego piskliwe dźwięki. Ale nie widziałem ich całkowicie z małej szczeliny w drzwiach, więc wymykam się, żeby zobaczyć, z kim mama rozmawia i dlaczego jej głos brzmi gniewny.

"Nie wiesz, o co prosisz. Mieliśmy umowę!" szepnęła głośnym głosem.

"Nie rozumiesz. Mnie też jest ciężko."

"Trudno"? Rozważałeś nawet jego uczucia, zanim podjąłeś irracjonalne decyzje? To jest niesprawiedliwe wobec niego"

"Jego uczucia"? A co z tobą? Czy on wiedział, kim jesteś? Jesteśmy na tej samej linii"

Ci dwaj już krzyczą swoje szepty i wściekle. A niektóre z ich słów są w innym języku, którego nie rozumiem.

"Nie, nie jesteśmy! Opuściłeś go, by żyć swobodnie i zrzuciłeś całą swoją odpowiedzialność. A twoja wina jest teraz na rynsztoku... nigdy nie jesteśmy w tej samej linii."

Kobieta wyraźnie jest kimś, kogo znam i muszę widzieć jej twarz, żeby wiedzieć, co się dzieje. Schowałem się do regału i ciągle rozciągałem kark, żeby zobaczyć kobietę za mamą.

Jej smukłe ciało i srebrny pierścień przypominają mi o pewnym kimś. A kiedy mama poruszała ramieniem. To nauczyciel, który zaginął ze szkoły już od kilku dni. To panna Palma.

"Nie chcesz, żeby ludzie o tym wiedzieli, żebyś mógł zacząć od nowa. MAMY ZDROWIE! -Dlaczego zmieniłeś zdanie?"

"Wiesz to... wiesz dlaczego"

Książki w księgarni wylały się, gdy próbowałem pochylić nad nią ręce. Hałas rozpraszał ich do mnie. Stanąłem prosto, by się w pełni ujawnić, ponieważ nie ma już sposobu, bym mógł ich uniknąć.

"Tomy? Co ty tam robisz?"

"Słyszałem, że z kimś walczysz"

Idę do mamy. Podniosła mnie na ramiona, jak patrzę uważnie na jej oczy - zmęczona i czerwona.

"Czy wy się kłócicie?"

"Nie ma dziecka, tylko dyskutujemy o pewnych sprawach"

"Dlaczego płaczesz?"

"Nie, nie jesteśmy. Zabierzemy cię z powrotem do łóżka, dobrze?

"Hmmhmm" skinąłem głową. Wiem, że nic jej nie jest, i wiem, że naprawdę się kłócą. Ale ona jest zbyt zdenerwowana, żebym mógł dodać do tego jej problemy. Odwracam głowę do panny Palmy, podczas gdy ona bierze głęboki oddech i wyciera oczy rękami, zanim się do mnie uśmiecha.

"Hi tomy" machała do mnie i zastanawiam się, czy jest naprawdę szczęśliwa, czy tylko udaje, bo jej usta drżą, a oczy są zmęczone jak u mamy.

"Proszę, nie wściekaj się na nią. Nie wiem, o co się kłócicie, ale jeśli ona zraniła wasze uczucia, to nie miała tego na myśli", powiedziałem pannie Palmie

Czułem, jak mama naciska na mnie rękę, a ramiona zaciskają się na mnie. Ona odwraca wzrok i idzie w kierunku mojego pokoju.

"Znam Tomy'ego... ze wszystkich ludzi, których znam"

Ale zatrzymała się, gdy panna Palma wypowiedziała te słowa. Jej brwi ponownie zmarszczyły się, utworzył się płyn w jej oczach. Podniosła głowę prosto, zanim zaczęła się ruszać do przodu.

Z ramienia mamy, widzę pannę Palmę patrzącą na mamę. Ona patrzy na nią smutno.

Mama położyła mnie do łóżka i przykryła kocem. Siedziała obok mnie i głaskała mnie po głowie swoimi rękami.

"Tomy, nie chcę, żebyś myślał o tym, co się dziś stało. Chcę, żebyś zapomniał o wszystkim, co usłyszałeś".

"Ale dlaczego?"

"Bo ja tak powiedziałem. To nie ma nic wspólnego z tobą... To nasz własny problem, a dorośli muszą sobie radzić z własnym problemem, bez udziału dzieci. Rozumiesz?"

"Okay mamo"

"Teraz idź spać, jutro będziemy wcześnie."

Mama pocałuje mnie w czoło i zgasi lampę przed zamknięciem drzwi. Poczułem się lepiej po jej odejściu. Jestem jeszcze dzieckiem i nie wiem nic o ich problemach. Chciałbym tylko szybko dorosnąć, żeby pomóc jej się z tym uporać. Jeśli Bóg mnie słucha, to mam nadzieję, że spełni moje marzenia. Zamknęłam oczy i nie było już więcej hałasu wokół. Pokój staje się bezdźwięczny i ciemny. I nie ma tu nic poza cieniami moich zabawek, które nudzą mi oczy do snu.

ROZDZIAŁ VIII

Wcześnie rano i przygotowywałem się do pójścia do szkoły, ale powiedziała mi, że nie będę chodził do szkoły na ten dzień. Zamiast tego, chce, żebym kogoś poznał.

Kiedy szliśmy na ulicy, aby spotkać się z osobą, o której mi powiedziała, gdzieś w środku miałem nadzieję, że to może być mój tata, ale część mnie zniechęca się, ponieważ nie widziałem nikogo, kto wydawałby się nim być. Dopóki nie dotarliśmy do celu. Poszliśmy do kawiarni, a ja mam gorące Choco i kawałek ciasta. Nie zamówiła żadnej, nawet filiżanki kawy. Jest cała zdenerwowana i napięta, bo zawsze patrzyła za szklane drzwi.

Po pewnym czasie przyszedł do nas mężczyzna i rozmawiał z nią. Ma silne ciało jak w filmach i jest tak wysoki, że wygląda jak olbrzym, jeśli moja mama stoi obok niego. Nie rozumiałam, o czym oni mówią; słyszałam tylko słowo "to dziecko", które oczywiście odnosi się do mnie. Wygląda na to, że się o coś kłócą. Gdyby był moim tatą, jest jak ojciec Sary, a ja miałabym tę samą historię.

Skupiłam się na torcie, który jadłam, przygnębiłam się widząc, jak się kłócą. Mężczyzna odszedł, a moja mama też wpadła w depresję. Próbowałem sprawić, by poczuła się lepiej, uśmiechając się do niej, a ona uśmiechnęła się z powrotem. Myślałem, że wyjedziemy teraz, gdy ten człowiek odszedł. Ale moja mama chciała, żebyśmy zostali, jakby nadal na kogoś czekała. Zapytałem moją mamę, która miała nadzieję, że jest moim ojcem - a ona odpowiedziała mi ponuro próbując się uśmiechnąć jej słowami - "on był twoim wujkiem" Nigdy nie wiedziałem, że mam wujka. Zawsze myślałam, że mama jest jedynaczką. Poszliśmy tylko na przyjęcie kuzynki mojej mamy i nie słyszałem, że mam własnych kuzynów.

Pamiętam, jak kiedyś, kiedy poszedłem na przyjęcie przyjaciółki mojej mamy, niektórzy z nich dokuczali mi i mówili, że jestem adoptowany, że znaleziono mnie przed mieszkaniem mojej mamy. Zapytałem ją o to i tak jak tożsamość mojego ojca, unikała tego pytania. Zastanawiam się, czy to prawda, zastanawiam się, czy jestem naprawdę adoptowany.

Moja mama trzymała telefon przy uchu. Jest taka napięta podczas rozmowy przez telefon. Potem inny mężczyzna wchodzi do szklanych drzwi. Wysoki blondyn w garniturze i krawacie pewnie pracuje w biurze. Moja mama stoi tak, jak go widziała. Jej oczy rozjaśniły się i poczuła ulgę. Mówił po angielsku, więc mogłem zrozumieć. To była ulga, bo angielski jest jedynym językiem, którym jeszcze mówię, więc nie rozumiałam, o czym mówią mój wujek i mama, bo rozmawiali chyba w tagalogu.

Mężczyzna przywitał się z nią i ona też. Za tym człowiekiem, byłam taka zaskoczona, że moja nauczycielka, panna Palma, jest z nim. Trzymała go za rękę i żal mi było mojej mamy. Przez sekundę myślałem, że zostawił nas z powodu mojego nauczyciela. Dlatego ciągle mi powtarzała, że muszę zrozumieć, a ja jestem za młody, żeby wiedzieć, bo ona i tata są razem i tata musi zostawić mamę dla niej. Moja nauczycielka zbliżyła się do mnie i objęła mnie. Zmusiłem się puścić i pobiegłem z powrotem do mojej mamy. Moja mama uklękła, by spotkać się z moimi oczami i mówiła do mnie "Synu, Ona jest twoją mamą" Spojrzałem na nią z zamieszaniem krążące w mojej głowie. Odwróciłem się, by rzucić okiem na mojego nauczyciela i zwrócić mamie wzrok. Moje oczy zadają tyle pytań, ale nie mogę wypuścić z siebie ani słowa "Chcę, żebyś zrozumiała, że bez względu na to, kim jestem, kocham cię tak bardzo, jak wszystko na tym świecie", trzymała moją twarz, gdy jej oczy płakały i szeptały głośno "Jestem twoim tatą".

"Co?"

"tomy". Ja... Chcę, żebyś mnie posłuchał... Chcę, żebyś mnie posłuchał" - mama zgięła kolana do mnie i położyła głowę blisko mojej.

"Nie! Nie, nie rozumiem".

"Wiem, nie powiedziałem ci, bo jesteś za młody, żeby mnie zrozumieć, ale... Ale Tomy chcę, żebyś wiedziała, kim jestem...kocham cię...tak bardzo cię kocham" mama ściągnęła mnie bliżej, żeby mnie przytulić. przytuliła mnie mocno "chcę tylko, żebyś zrozumiała, że tak bardzo cię kocham" jej łzy odpadły, nie wiem, co się wokół mnie dzieje i nie rozumiem, dlaczego mówi, że jest moim tatą, skoro mama jest kobietą.

"Mamo, chcę wrócić do domu. Wracajmy do domu"

"Tomy"-"Mamo, nie chcę tu być, chodźmy do domu" Mama rzuciła okiem na pannę Palmę i jej męża "W porządku James. Rozumiem, nie możemy go zmusić do zaakceptowania tego od razu".

Mama skinęła głową, stanęła z powrotem i wzięła torbę na ręce "Mogę poczekać" Panna Palma spojrzała na mnie. Uniknąłem jej spojrzenia, próbując wyciągnąć ręce mamy.

"Chodźmy mamo", nalegałem. Nie chcę zostać w tym miejscu i rozmawiać z ludźmi, których ledwo znam. Po tym, co powiedziała mama, wszystkie moje uczucia do Misses Palma zmieniły się radykalnie w irytację. Czułem się bardziej zdezorientowany jej obecnością "Mamo!" Płakałam, chciałam wyjść tak szybko, jak mogłam "Okay okay, wychodzimy" Bardziej denerwuję się mamą, kiedy zwolniła tempo patrząc na nie. Czuję się niezręcznie, gdy tam jestem, a ona w ogóle nie mogła tego zrozumieć. Wybiegłem z kawiarni, by uciec od kłopotów, które mi to daje.

"TOMY! TOMY!" głos mamy gonił mnie po drodze i zatrzymałem się, by stawić jej czoła
"I SAID I WANNA GO HOME!"

"Idziemy do domu"

"Nie chcę z nimi więcej rozmawiać. Nie chcę z tobą więcej rozmawiać".

"Tomy! Tomy proszę"

"Wszyscy jesteście kłamcami. Wszyscy mnie okłamujecie! "Mama pobiegła mnie objąć i podniosła rękami." "Przykro mi synu. Bałam się tylko, że mnie potępisz. Obawiam się, że mnie za to znienawidzisz, bo wszyscy, których kochałam, zrobili... Tak mi przykro" płakała, kiedy zaciskała ręce wokół mnie. Odczułam jej ból i smutek z jej słów, z jej uścisku "Nigdy tak naprawdę nie chciałam cię okłamywać, zwłaszcza ciebie". Bo kocham cię bardziej niż cokolwiek innego na tym świecie. Rozumiem, że jeśli wściekasz się na mamę, robię" porzuciłem głowę na jej ramiona i płakałem z nią "Nie mogę się wściekać na ciebie mamo" Choć nadal jestem zdezorientowany, nigdy nie będę się na nią złościć. Bo ona mnie słucha. Uszczęśliwia mnie, gdy jestem smutny lub rozczarowany. Upewnia się, że jestem cały i zdrowy. Zawsze jesteśmy razem szczęśliwi. I przeze mnie stała się smutna. Więc nie mogę się na nią złościć, nie chcę.

ROZDZIAŁ IX

-2010-

"Jestem w ciąży!" Maryja Łaska powiedziała mi, że jej twarz jest przeważnie zaniepokojona i niespokojna z ludźmi siedzącymi obok nas w kawiarni w Seulu. Większość z nich jest we wspólnych kolorowych płaszczach koreańskich, podobnie jak farby na ścianach sugerujące tęczowy motyw. Ale szczęśliwy charakter małego sklepiku nie mógł spieniężyć przygnębiającego nastroju łaski Maryi, starałem się radzić sobie z nią, działając z troską, gdy skubałem swoje jedzenie.

"co? Kto jest ojcem?"

Zatrzymała się na chwilę i nagle się wściekła. Spojrzała na mnie, co oznacza, że od razu przestałam jeść.

"Ty. Ty James, ty jesteś ojcem"

"WHA?"

Prawie upuściłem miskę i połknąłem gardło, gdy na nią patrzyłem, nie wierząc jej ostatnim słowom. Nie może być! To zbyt mało prawdopodobne, żebym był ojcem dziecka. Wpatrywałem się w nią tak szeroko, jak tylko mogłem, aż przebłysk mojej pamięci wyrwał mnie z mojej nieustannej niewiary. Pamięć o łasce Maryi i ja decydujemy się pogrzebać i zapomnieć. Ale konsekwencja tego działania jest zbyt trudna do zignorowania, tak samo ciężka jak moje zaprzeczanie sobie. Mój telefon dzwoni i jest jednym z moich kolegów z pracy.

"Przepraszam, chyba muszę już iść."

Wstałam, wzięłam torbę i poszłam w stronę drzwi. Zatrzymałem się przy drzwiach, aby spojrzeć jej w tył, w głowie chcę natychmiast wyjść, aby uniknąć konfrontacji i odpowiedzialności za coś, o co nie prosiłem, a nawet nie chciałem, ale także w głowie, nie mogę pozwolić, aby moja przyjaciółka upadła. Przyjaciel, który uratował mnie przed rozerwaniem. Mój telefon znowu zadzwonił, otworzyłem drzwi i zacząłem iść w kierunku biura, które jest tylko kilka kroków od kawiarni

"JAMES!"

Maryja łaskawa goniła za mną. Trudno zignorować jej głos, wiedząc, że to ja jestem odpowiedzialny za jej problem.

"Wiem, że to brzmi szalenie, ale... Ale może... Jeśli wyjdziemy za mąż przed moimi narodzinami, może tata nas zaakceptuje".

Zdumiony jej nagłą decyzją, stanąłem przed nią bez słowa przeciwko jej ciągłym rozmowom. Ale mogę powiedzieć, że z jej drżącym głosem jest napięta

"Co? O jakim małżeństwie mówisz? Mary!" W końcu powiedziałem

"Po prostu myślę, że może jakoś się pobierzemy".

"Mary, jest coś, co chcę ci powiedzieć", wahałem się trochę.

"James, nie ma nic złego, jeśli się pobierzemy. Kocham cię..."-"Jestem gejem" szybko przeszkadzam. Wiem od dawna o jej uczuciach do mnie, ale nie ma sposobu, abym mógł je zwrócić. Mary spojrzała na mnie, nie wierząc w to, co właśnie powiedziałem.

"Mary ja jestem gejem"

"Nie! Nie jesteś. Może jesteś zdezorientowany, ale to inna sprawa".

"Nie mogę już tego przed tobą ukrywać, bo jesteś moim najlepszym przyjacielem".

"Dlaczego? Dlaczego pozwoliłeś mi się w tobie zakochać? Co jest nie tak z twoimi dżamami?"

Mary uciekła. Chciałem za nią iść, ale ta głupia część mnie mówi, żeby ją wypuścić. Winię siebie za wszystko. za bycie innym.

Spędziłem dni chodząc po ulicach i błagając o jałmużnę, by kupić jedzenie po tym, jak Jed mnie wyrzucił. Łaska Maryi chodziła po ulicach, na których nocowałem. Była zaskoczona, że mnie zobaczyła, ale jej życzliwość wobec mnie jest bezwarunkowa, aby natychmiast podjąć decyzję o odebraniu mnie i pomóc mi wyjść z tej nędzy. Przyprowadziła mnie do swojego domu, który był mieszkaniem należącym do jej rodziny. Zaoferowała mi jednostkę, w której przebywałem i pracowałem na pół etatu, żebym mógł płacić rachunki. Jej rodzina jest zbyt uprzejma. Traktowali mnie jak jednego z nich i nigdy w całym moim życiu nie miałem takiego wrażenia o rodzinie. Nigdy. Skoro moja jest wrakiem i jest pełna podstępu i winy.

Nigdy nie byłem w stanie zapytać Maryi o łaskę, dlaczego jest dla mnie taka miła. Zawsze się uśmiecha i zdaje się świętować każdego dnia. Tak charakterystyczne dla niej, że najbardziej jej zazdroszczę. Potrafi się śmiać ze wszystkich rzeczy; nawet jeśli przegra zawody, nie może się doczekać wygranej. I nawet jeśli nie jest tak mądra jak niektóre dziewczyny w klasie, daje z siebie wszystko, aby się uczyć. Zawsze przeszkadzała mi uczyć ją rzeczy, których nie mogła zrozumieć. Ale to jest najlepsze z niej. Sprawiała, że czułem się na tyle dobrze, że mogłem jej już wszystko o mnie powiedzieć. Po prostu nie wiem, co mnie powstrzymuje przed wyznaniem tego, kim naprawdę jestem. Nie wiem, bo w przeciwieństwie do niej zawsze jestem pusty i samotny.

Udaje mi się z nią ubiegać o stypendium na uczelni. Pracowałem ciężko i byłem tak zajęty, jak tylko mogłem, aby móc zapomnieć o przeszłości, której się brzydziłem. Ale czasami, im bardziej starałem się ukryć swój ból, tym był on cięższy. Nawet kiedy stałem przed tysiącami ludzi w czarnych płaszczach na scenie, z wysoko cenionymi dziekanami i przełożonymi szkół jako Suma Cumlaude absolwentów roku Business Ad. Moje serce wciąż tęskniło za czyjąś obecnością. Ktoś, kto desperacko chce zobaczyć mnie z największym medalem. I zawsze był niezadowolony ze wszystkich osiągnięć i bitew, które za niego stoczyłem. Ojciec mój, stojąc przede mną, mówi mi, gdy schodzimy ze sceny, "Wiesz, że to nie wystarczy". Tęsknię za czymś więcej, by uczynić go dumnym. Widzieć, jak podnosi głowę tak wysoko i mówi mi, że jestem dumny z twojego syna. Ale wszystko popadło w agonizujące zakończenie. Wiem od początku, że jego obecność i nieprzenikniony głos nigdy mnie nie opuściły. Ale w końcu, nie czuję go. W końcu zostawił mnie pustą, na scenie z medalem, który zawsze chciał, żebym miał, zostawił mnie samego.

Tydzień po ukończeniu studiów, Mary i ja pojechaliśmy do Korei, aby przyjąć ofertę dla nas. Nie mogliśmy świętować ani uczestniczyć w przyjęciu z okazji zwycięstwa. Dlatego zdecydowaliśmy się na samodzielne przyjęcie w pierwszym tygodniu na obcej ziemi. Łaskawa Maryja zawsze była moją najlepszą przyjaciółką. I nigdy nie miałem zamiaru jej złamać. Ale Bóg wie, że moje uczucia do niej nie są dokładnie tym, co ja zrobiłem. Mam trochę pamięci o tym, co dokładnie wydarzyło się tamtej nocy, niż o poranku, kiedy się obudziliśmy. Była ze mną w jednym pokoju. I tak jak ja, ona była naga. Jej ręce są na mnie, a jej głowa zależy od mojej klatki piersiowej. Pamiętam, że nie robiła żadnych komentarzy i nie była tak zdenerwowana jak ja wtedy. Była spokojna i nie zwracała uwagi na to, co się stało, dopóki nie powiedziała mi, że jest w ciąży.

Nasza rozmowa nie mogła opuścić mojej głowy, dopóki nie wszedłem do biura. Jestem wystarczająco rozproszony, aby zignorować stos papierów, które muszą być sprawdzone przed złożeniem w głównym biurze. Wziąłem telefon i próbowałem wybrać jej numer. A jednak wciąż mówi, że jest w tej *chwili bez opieki lub zajęta*. Jeszcze bardziej mnie to zmartwiło. Na chwilę. Zastanawiałem się, może nie tylko się wygłupiam. Może uda mi się być normalny i wychować własną rodzinę z moim najlepszym przyjacielem. Ale wtedy, myśli o tym przytłaczają mnie. Nie mogę, nie mogę już dłużej udawać. Czuję się taka pusta i niezadowolona ze wszystkiego, co robię. Jakbym był pod presją poczucia winy, które mam po śmierci ojca.

Zamknęłam oczy i przypomniałam sobie, jak mój ojciec odkrył moją tożsamość i ukarał mnie za to. Dzień i noc, bił mnie, by uczynić mnie męskim. Ale moja głowa była uparta i nie czułam nic poza jego gniewem i każdym uderzeniem w pas. Kiedy w końcu udało mi się uciec, gonił za mną. A w drodze nadchodziło do nas wielkie światło. Kiedy się obudziłem, tata jest już na ziemi, tak jak ja. Ja, który sprawia tyle kłopotów ludziom wokół mnie. To ja powinienem był umrzeć zamiast taty.

"James? Wszystko w porządku?" Seungkuk, koreański sekretarz dyrektora budynku, przyszedł do mnie. Wydaje się być zmartwiona.

"Nie...chyba nie jestem" uśmiechnęła się do mnie i poklepała mnie po plecach "dlaczego nie pójdziesz do domu i nic odpoczniesz". Porozmawiam z panem Parkiem". Nużąco się uśmiechnęłam. Wziąłem torbę i wyszedłem.

Wróciłem do siebie i do mieszkania Mary wcześniej niż zwykle. Drzwi mieszkania nie są zamknięte, więc podejrzewałem, że Mary już wróciła.

"Mary?" Otworzyłem drzwi i znalazłem ją próbując wziąć kilka tabletek na ręce. Wysypuję się, by ją powstrzymać, i wyrzucam pigułki na śmietnik za nami.

"Co ty robisz?" Płakała cały czas, bo jej oczy są całe rude, a włosy są w bałaganie "nie powstrzymuj mnie, robię to, co jest słuszne".

"Prawda co? Próbujesz zabić dziecko".

"Dlaczego miałoby cię to obchodzić? Nie dbasz o dziecko, nie dbasz o mnie".

"Grace... Zależy mi na tobie, po prostu nie mogę się z tobą ożenić. Nie mogę i nie chcę cię okłamywać. Nie zabijaj dziecka, proszę." Trzymam ją w ramionach, żeby ją uspokoić. Nigdy nie wiedziałem, że łaska jest zdolna do takiego bólu. I wiem, że powodem jestem ja. Mimo to, nie mogę pozwolić jej zrobić czegoś złego, bo ją skrzywdziłem.

"Chcę, żebyś zatrzymał dziecko. Jeśli naprawdę mnie kochasz"

"Co ja wtedy zrobię? Udawaj, że też mnie kochasz, żebym mógł się poruszać i żyć dalej, jak gdyby nic się nie stało".

"Ale łaska, że cię kocham"

"Ale to nie jest miłość, której pragnę... Nie jest!" zakopała głowę w moich ramionach "James, błagam cię. Pomóż mi iść dalej" nie mogłam jej odpowiedzieć, bo ja też mam trudności z pójściem dalej.

"Przepraszam"

"Chcę, żebyś zostawił Jamesa. Chcę, żebyś odeszła" - podniosła głowę i patrzyła na mnie z udręką machając w niej.

"Czy ty mnie tak bardzo nienawidzisz Mary? Żebyś mnie wyrzucił, tak jak zrobił to Jed?"

"Nie! Kocham cię. Ale jeśli tu jesteś, moje uczucia tylko się wzmocnią. I byłoby trudniej zaakceptować" puściła mnie i odwróciła się "Zostaw teraz James, zabierz wszystkie swoje rzeczy". Obiecuję, że nie poronię dziecka. A kiedy nadejdzie czas, dam ci go" - nie oglądała się za siebie Maryja, ale nie bez powodu objęłam ją ramionami, aby wyrazić moją ulgę i radość "Maryja ci dziękuję". Dziękuję bardzo. Gdybym kiedykolwiek kochał jakąś dziewczynę. To zawsze będziesz ty", szepnąłem "Obiecuję"? Pochowałem głowę na jej włosach, zanim puściłem i zacząłem pakować moje kilka rzeczy. Tylko tych ważnych. Rzuciłem na nią ostatnie spojrzenie i uśmiechnąłem się "Zdecydowanie Mary". Zdecydowanie" uśmiechnęła się z powrotem i za chwilę, po raz pierwszy w całym moim życiu, poczułam się zadowolona i otwarta.

ROZDZIAŁ X

Mama pakuje moje rzeczy na torbę, większość z nich to moje ubrania. Stałam na stołku, żeby dostać mojego misia i patrzyłam jak składa moje ubrania i kładzie je jedno po drugim na torbie podczas rozmowy przez telefon. Naprawdę myślałam, że kiedy poznam tatę, wszystko będzie dla mnie jasne i będę szczęśliwa. Ale ja nie jestem. Nie dlatego, że wiem, że moje życie nie będzie już takie samo. Ale ponieważ wysłałaby mnie do mojej prawdziwej mamy, a mama zostanie sama. Minął tydzień odkąd dowiedziałem się, że mama jest moim ojcem. Ale po tym czasie ciągle odwiedzaliśmy szpital, gdzie mama wchodziła do tej wielkiej maszyny i przebywała tam przez chwilę, zanim dostała papiery z wynikami i wyszła. Wciąż wozi mnie do szkoły, ale nie nosi już mundurka biurowego i od razu wracałaby do domu. Nigdy mi o tym nie mówiła, a ja już boję się ją zapytać. Może się znowu zdenerwować i nie chcę ponownie dodawać do jej zmartwień.

"Mamo"

Mama wyłączyła telefon i nosiła torbę obok mnie. Wydychała i zmuszała się do uśmiechu "Nie chcę iść mamo", wpatrywała się we mnie w ciągłym patrzeniu. Jej oczy są zmęczone, a kości policzkowe są już odsłonięte. Nawet ja widzę, że jej piękno już zanika w bladożółtej skórze i odsłaniające się szczęki. Ostatnio schudła i pomyślałem, że może to z powodu jej choroby.

"Obiecuję, że gdy wszystko będzie dobrze, przyjadę po ciebie.

Ale mama nie potrafiła zgadnąć, dlaczego się denerwuję. To nie do końca z tego powodu. To dlatego, że obawiam się, że może być strasznie chora i już nic mi nie mówi.

Tydzień temu mama powiedziała mi, że jest moim tatą, a panna Palma była moją prawdziwą mamą. Od tego czasu panna Palma często nas odwiedza, zamiast wracać do szkoły jako nasza nauczycielka. Podczas wizyt przynosi ze sobą czekoladowe ciasteczka lub babeczki i spędza z nami całe popołudnie. Często opuszcza nasze mieszkanie późno i czasami je z nami kolację, co było dla mnie nowe i niewygodne. Nie to, że jej nie lubię. Nadal jest dla mnie nauczycielką w klasie i jest dla mnie taka miła. Po prostu, kiedy tylko ją widzę, mam wrażenie, że zabiera mnie od mamy, a mama po prostu jej na to pozwala. Nie wiem, dlaczego moje wrażenie o niej tak bardzo się zmieniło, że unikam jej od kilku dni, które spędziła z nami. Nie lubię też nazywać jej mamusią tak, jak moja mama nalega na mnie. Przywykłem nazywać ją panną Palma, i tak miałem zamiar to zostawić.

Nawet nie powiedziałem gezmo o niej, bo nie chcę, żeby myślał, że jestem czyimś synem. On naprawdę lubi mamę i uważa ją za tak ładną. Jeśli powiem mu, że jest właściwie moim tatą, będzie zdezorientowany i zapyta mnie o tak wiele rzeczy, że ja też nie do końca rozumiem.

A teraz to, czego najbardziej się boję, spełniło się. Widzę, że samochód panny Palmy wjeżdża na parking przed naszym podwórkiem. Mama powiedziała, że potrzebuje mnie, abym został z panną Palmą przez całe lato; oczywiście odmówiłem, ale powiedziała, że będzie przechodzić terapie i leki, więc będzie spędzała dużo czasu w szpitalu przez ten czas. Chociaż obiecała mi, że nie jest źle chora, nie mogłem przestać się o nią martwić. Trzyma przede mną wiele tajemnic i wątpię, by mówiła prawdę, mówiąc, że nic jej nie będzie.

"Tomy... co jest z tą twarzą?"

Mama zatrzymała się na mnie i uklękła, żeby ze mną porozmawiać. Trzymała moją twarz przy sobie i uśmiechnęła się.

"Daj spokój! Nie bądź taki. Na pewno-zdecydowanie odbiorę cię jak tylko wyzdrowieję. I wszystko wróci do normy"

Porusza głową bliżej mnie, a jej oczy poszerzają się jak przerażająca lalka w przedstawieniu Muppetów.

"WHHYYYY IS THE BABY FROWNING-Maybe... Ill release the CRACKENNN!"

Mama zaciągnęła mnie do niej, żeby łaskotać. Choć tak bardzo się śmieję, że próbowałam się od niej uwolnić, bo zaczyna mnie boleć brzuch od wybuchu.

"Mah-am mama przestań!"

Mama puściła mnie, a my obie się śmiałyśmy do siebie. Nigdy nie widziałem ostatnio mamy tak szczęśliwej. Widząc jej śmiech, ja też jestem szczęśliwy.

"Moje dziecko jest teraz takie dorosłe. On już nie boi się macki krakena"

"Mamo, nie jestem już dzieckiem".

"Oh! Dlaczego?" Patrzy na mnie celowo rozszerzając oczy. Wiem, że robi to zawsze, gdy dokucza mi do Sary. Mama nie wiedziała, że Sarah nie jest już w mojej klasie. Chciałem jej o tym powiedzieć, ale nie miałem okazji tego zrobić.

"Coś nie tak? Czy ty i Sarah nie jesteście w dobrych stosunkach?"

"NIE! Nie to"

"Oh! Wiem... hmmmmmmm"

"Mamo, to nie tak"

Panna Palma wejdzie, zanim powiem słowo "Hej! Gotowi?" Mama wstaje i chwyta torbę na kanapie. To duża torba ze wszystkimi moimi rzeczami w niej. Torebka Alfredo to mała torebka z tylko jego konserwacją i mydłem.

Zawsze trzymam inhalator w kieszeni i trochę cukierków, żeby po drodze się nie nudzić. Ale wtedy wiem, że będę. Podróżowanie nie jest po prostu moją sprawą, zwłaszcza z osobą, z którą czuję się najbardziej niekomfortowo. Jestem tylko szczęściarą, że mama pozwoliła Alfredo się dołączyć.

Siedziałem z Alfredo na tylnym siedzeniu, chociaż mama nalega, żebym usiadł obok panny Palmy na przednim siedzeniu.

"W porządku, chcę, żeby czuł się dobrze", mówi panna Palma.

Gdy uruchomił się silnik, mama puściła drzwi i pomachała do mnie.

"Baw się dobrze... Ciesz się swoim latem!"

Martwiłem się o nią. Denerwuje mnie, że brzmię szczęśliwie, gdy mnie wysyła.

"Wszystko w porządku?" "Przysięgam, że dobrze się tam zabawimy."

Panna Palma znów się do mnie uśmiechnęła i wypędziła samochód z naszego podwórka na główną drogę. Zwróciłem uwagę na Alfredo i zamiast tego pogłaskałem jego gładkie futro.

Po drodze. Próbowałem zasnąć, żeby uniknąć rozmowy z panną Palma. Na początku udawałem, ale potem odwróciłem głowę i kiedy się obudziłem, jesteśmy już w mieście. Nowe miasto z większymi budynkami i większymi ekranami na górze budynków. Również więcej ludzi chodzących po ulicach.

"Witamy w Vancouver. Chcesz coś do jedzenia. Możemy zatrzymać się na pizzę lub pączki. Czego chcesz?"

Spojrzała na mnie przez przednie lusterko samochodu.

"Nie, dziękuję"

"Jesteś pewien?"

"Yeah"

Kilka minut później wjechaliśmy na podwórze z dużą ilością klonów ustawionych na poboczu drogi. A domy mają długie płoty, za którymi ledwo widać domy. Tylko niektórzy odsłaniają frontowy widok swojego domu. Otworzyłem okno, aby zobaczyć kolory klonów i ich wyschnięte liście opadające na ziemię.

Śmiałem się, gdy zobaczyłem jednego psa sikającego na klon. Jest mniejszy od Alfredo, ale ma długie ciało i uszy prawie do ziemi. Nie jest nawet w połowie rozmiaru Alfredo.

"W końcu się śmiejesz"

Patrzę na nią i zastanawiam się, jak zobaczyła mnie śmiejącego się, gdy jej twarz była prosto na drogę. Ale potem zawróciłem do klonów.

Zatrzymała samochód przed dwupiętrowym domem na ranczu. Jest całkiem duży. Jest większy od naszego domu, ma jaśniejszy kolor i okna na dachu.

"Więc, oto jesteśmy!"

Szybko zabrałem plecak w pogoń za Alfredo, który od razu skoczył po tym, jak panna Palma otworzyła drzwi. Panna Palma zabrała dla mnie moją torbę i zaprowadziła nas do salonu, gdzie jej mąż siedzi na kanapie niosąc brązową butelkę bąbelkową, oglądając hokeja w płaskim telewizorze. To ten mężczyzna z kawiarni z panną Palmą tydzień temu i wydaje się wredniejszy, niż go pamiętałem.

"Co ty wyprawiasz? Siadaj na kanapie, nie stój tak po prostu."

Panna Palma spojrzała na mnie i wróciła do telewizora. Wahałem się, czy usiąść obok niego w obawie, że to może mu przeszkodzić, jeśli to zrobię. Jego połamane brwi i poważne oczy przyprawiają mnie o dreszcze. Zastanawiam się, czy kłócili się przed jej odejściem, czy po prostu nienawidzą innych ludzi przychodzących do ich domu.

"Okay-well-pokażę ci tylko twój pokój"

Kiwam głową i podążam za panną Palmą na górze. Zerknąłem na pana Hendersona na kanapie, a on wciąż patrzy na mnie, gdy chrupał swoją butelkę. Zdenerwowałem się i poszedłem szybciej do panny Palmy, zanim otworzyła drzwi mojego tymczasowego pokoju.

Byłem zaskoczony, gdy zdałem sobie sprawę, że wcześniej jest to pokój z okien dachu. Sufit jest pochylony, ale ma wystarczająco dużo miejsca, aby umieścić pod nim trzy niebieskie futrzaste maty kryjące białe płytki. Ale to, co mnie najbardziej ekscytuje, to kreskówkowe postacie wyświetlane na stoisku za moim łóżkiem i plakaty moich ulubionych postaci.

"Powiedziała mi o tym. Powiedziała, że będzie ci wygodnie, jeśli włożę te rzeczy do twojej sypialni."

Próbowałem odzyskać swój spokój, kiedy spojrzała na mnie "Więc co o tym sądzisz?" Nie chcę dawać jej żadnych nadziei i myśleć, że może zatrzymać mnie w swoim ponurym domu na zawsze. Pobyt tutaj przez całe lato to dla mnie za dużo, nie sądzę, abym mógł zostać dłużej, mimo tych wszystkich rzeczy w tym pokoju. Z tym facetem w pobliżu, jestem całkiem pewna, że moje życie będzie tu nieszczęśliwe.

"Dlaczego nie odpoczniesz i... Zadzwonię do ciebie, gdy kolacja będzie gotowa."

Położyłam torbę na brzegu łóżka i usiadłam obok niej.

"Pewnie"

Panna Palma uśmiechnęła się do mnie, zanim zamknęła drzwi. Leżę, aby poczuć miękkość pościeli, która ma wielki obraz szczęśliwego bezzębnego z mojego ulubionego filmu, jak trenować cię smoka. Wszystko wokół mnie przypomina mi o moim pokoju w naszym domu. I to tylko sprawiło, że bardziej tęskniłem za mamą.

Dlaczego musiałem zostać z panną Palmą? Nie to, że nienawidzę jej za bycie moją prawdziwą matką. Po prostu nie czuję się komfortowo z dwiema mamami, z tą drugą ledwo co znam. Zwłaszcza jej wredny mąż, który nienawidzi ludzi lub nienawidzi innych hałasów poza telewizorem. Na pewno powiem o nim mamie, kiedy wrócę.

Nie pamiętam, kiedy zasnąłem, ale kiedy się obudziłem, zszedłem na dół po schodach, aby sprawdzić, czy ktoś jeszcze jest w domu, ponieważ nigdy nie słyszałem żadnego innego dźwięku poza skrzypieniem drzwi do otwarcia.

W końcu usłyszałem zamieszanie w kuchni i zobaczyłem pannę Palmę niosącą półmisek na obu rękach.

"Wspaniale, że tu jesteś, miałem iść na górę i zadzwonić do ciebie na kolację. Skoro już tu jesteś, dlaczego nie usiądziesz do stołu, zadzwonię do twojego wuja Edricka, żebyśmy mogli razem jeść".

Usiadłam na pierwszym krześle z lewej strony stołu i zaczęłam się zastanawiać, dlaczego trzymają długi stół z ośmioma krzesłami do zajęcia, skoro nie mają w domu nikogo poza nimi dwoma. Jadalnia jest zbyt przestronna i nie posiada zbyt wielu urządzeń, jak pozostałe pokoje.

Panna Palma i pan Henderson przybyli i usiedli z dala od siebie. Pan Henderson usiadł na krześle naprzeciwko mojego, a panna Palma usiadła obok mnie.

Pan Henderson patrzy na mnie, gdy żuje swoje jedzenie. Znowu patrzy na mnie z marszczącymi się brwiami.

"Więc jak znajdziesz tu jedzenie? Czy to wystarczająco dobre?"

"Edrick! Panna Palma nagle krzyknęła. Spojrzała na niego.

"Co? Teraz źle jest pytać dzieciaka, czy lubi jedzenie, czy nie?"

"Możesz przestać?"

"Wiesz co, nie rozumiem cię. Przyprowadzasz tu syna tej cioty i nie chcesz, żebym z nim rozmawiał?"

Panna Palma zatrzymała się, upuściła łyżkę i widelec na stół, stale patrząc na niego ze złymi spojrzeniami.

"W porządku, panno Palma, jedzenie jest wspaniałe".

"Spójrzcie na to, nazywa was panną Palma, Mary Grace Palma Henderson nauczycielką drugiej klasy".

Stanąłem z mojego krzesła i odepchnąłem je z powrotem do stołu.

"Dziękuję za uroczy posiłek. Chyba idę teraz spać.

"Jesteś pewna" mówi panna Palma. Próbowała stanąć z krzesła, ale ja się odsunąłem i wezwałem do wyjścia.

"Nic mi nie jest. Jestem po prostu zmęczony. Chcę teraz spać, jeśli nie masz nic przeciwko?"

Panna Palma uśmiechnęła się i skinęła głową "Umyj najpierw zęby, dobrze?" Wyszedłem z jadalni nie oglądając się za siebie. Poszedłem prosto na schody, ale zatrzymałem się, gdy usłyszałem, jak się kłócili.

"Dlaczego to robisz? Edrick, już o tym rozmawiamy".

"Więc? Nie pamiętam, żebym zgadzał się na zatrzymanie syna tej cioty w moim domu".

"Przestaniesz? ”

"Co? Jesteś zły? Oh, powinienem był wiedzieć. Tak bardzo lubisz podążać za tym gejowskim draniem, dlaczego nie pójdziesz z nim do piekła? ”

Krzesło poruszało się agresywnie, a z jadalni wychodziły kroki. Pobiegłem szybko w kierunku mojego pokoju i powoli zamknąłem drzwi, żeby nie wiedzieli, że jeszcze tam byłem i podsłuchali ich walkę.

Zmoczyłam się na łóżku i zakopałam twarz na poduszkach. Nie rozumiem, dlaczego musi obrażać mamę. Ona nic mu nie zrobiła. Wredny i okropny nie zasługuje na dobroć panny Palmy.

Po kilku minutach. Nadal myślałem o nieczystym stosunku pana Hendersona do mamy i do mnie. Kiedy przyszła panna Palma. Próbowałem się przebrać. W ręku ma szklankę mleka, położyła ją na stole z lampami obok mojego łóżka i pomogła mi założyć piżamę.

"Tak lepiej". Jej oczy są nadal czerwone i wiem, że udaje, że uśmiecha się jak mama. Wspiąłem się do łóżka i położyłem koc.

"Tu jest twoje mleko"

Panna Palma jest ładną nauczycielką i nie widzę powodu, by mąż jej nie kochał. Chociaż on nienawidzi, jak się przyjaźni z moją mamą. Chciałem ją zapytać, dlaczego pan Henderson tak bardzo nienawidzi mamy. Ale nie mogłem się do niej odezwać. Zamiast tego wypiłam moje mleko i pozwoliłam jej patrzeć na mnie, jak długo chce.

"Przepraszam za to. To nie była twoja wina, on tylko..." chichotała krótko. Wyraźnie mogę powiedzieć, że jest zdenerwowana i nie wiem, dlaczego wciąż to udaje.

"Wiesz co. Dziewięć lat temu, kiedy cię urodziłam. Zamiast pielęgniarki, kobiety. Ładna kobieta weszła do mojego pokoju, niosąc cię. Była tak wysoka i cudowna jak super modelka". Jej twarz rozjaśniła się, a oczy uśmiechnęły się do niej ustami.

"A kiedy zdaję sobie sprawę, kim była. Miałem mieszane uczucia. Czy mam się śmiać czy płakać"

"Płaczesz?"

"Tak" uśmiechnęła się i prawie chichotała.

"Wiem, że tak bardzo ją kochasz, i cieszę się z tego. Ale czasami, kiedy patrzę na ciebie zza pleców - Grając z przyjaciółmi. Podniecam się, gdy Jane cię odbierze. Nie mogę się powstrzymać, ale pomyśl, jak bardzo będę szczęśliwy, jeśli to ja będę tam stał i czekał na ciebie. Nie jako twój nauczyciel, ale jako twoja mama"

Widzę łzy rosnące z jej oczu. Trzymała mnie za rękę i pozwoliła, by jej łzy opadły

"Przykro mi, że cię zostawiłem. Tak mi przykro. Wiem, że chcesz wrócić do domu. Ale jeśli chcesz, możemy zadzwonić do niej jutro, żeby cię odebrać".

"Nie. Obiecuję mamie, że spędzę z nią lato, żeby mogła się leczyć i szybko wyzdrowieć."

Panna Palma uśmiechnęła się i pocałowała mnie w czoło.

"Słodkich snów"

Panna Palma wyłączyła światło i zamknęła dla mnie drzwi. Zawsze była dla mnie taka przyjazna i troskliwa, a ja czułem się dla niej niezręcznie. Ale ona ma rację. Tak bardzo chcę wrócić do domu.

ROZDZIAŁ XI

-2010

Rzucam torbę, gdy stoję z podziwem nad spektakularnym tematem mojego nowego apartamentowca. Kolorystyka i wzornictwo strukturalne sugerujące nową erę, łączące niezwykłą nowość historycznej podróży Korei z nowoczesną technologią, która jest już dość popularna w większości Azji. Ściany tarasowe z kwiatami wiśni i wełniane maty w przednim wejściu, a także szeroki rozstaw głównego lobby są naprawdę zachęcające, co sprawiłoby, że najemca zadałby sobie pytanie, jak kosztowne jest przebywanie wewnątrz tego dachu. A jednak, mówiąc wulgarnie, jest to wystarczająco kosztowne, aby zużyć prawie połowę mojej miesięcznej pensji i odłożyć na biedotę moją dzienną dietę. Najprawdopodobniej jednak ryzyko zostałoby zignorowane, gdyby można było wieść fantazyjne życie jak koreański aktor walczący w swoim życiu, ale nie w swojej komnacie sypialnej. I mam żyć w tym samym wymarzonym życiu, w którym muszę spodziewać się większego chaosu, niż w moim obecnym życiu - które jest dość subiektywne.

"Sir?"

"Annyeonghaseyo"

Kobieta pochwyciła mnie od mojego ogromnego cudu w kierunku sufitów, a w zasadzie do każdej krawędzi narożnika budynku. Patrzy na mnie szerokim okiem, jak podąża za moimi gestami z odwróconym spojrzeniem. Jej mundur jest tak samo optymistyczny jak dominujące kolory budynku. Choć płatki przypominające łuski sprawiają większe wrażenie na jej górnym mundurze polo, to jednak jej całkowita atmosfera jest przyjazna i przyjazna.

"Witamy w Beojkkoch-ui jib".

"Oh! Jestem James Delgado. Zrobiłem już rezerwację przez twoją stronę?" Próbowałem wyjaśniać gesty z drobnymi szczegółami przez ręce, ale wiem, że nie pociągnie to za sobą słów, które mam w głowie do dialektu koreańskiego, aby być zrozumiałym dla jego rzeczywistej obywatelki stojącej przede mną, trzymającej ręce razem, czekając na ustalone stwierdzenie. Była zbyt oszołomiona, by zareagować, jak to jest napisane na jej nagłej zmianie wyrazu. Ale w pewnym sensie wydaje się, że mnie rozumie, bo uśmiecha się do afirmacji. "Pozwól mi sprawdzić" mówiła czułym tonem, zanim stanęła przed monitorem z zębami nadal odsłaniającymi się w zabawie. Jestem zaskoczony, że tak sprawnie radzi sobie z obcymi klientami i doskonałą znajomością języka angielskiego, która nie jest zbyt powszechna w Korei. "Oto klucz do twojej karty" podała mi małą różową kartkę z białym koronkowym paskiem. Nie wiem, czy to tylko do celów dekoracyjnych, ale to sprawia, że karta jest ładniejsza - i pochyliła głowę po tym, jak otrzymałem kartę, aby zaoferować gościnność zgodnie z ich normami kulturowymi... Chyba "dziękuję"! Odpowiedziałem zimno. Wziąłem moją torbę i pośpiesznie wyszedłem z wahaniem myśląc, czy powinienem zostać dłużej w drogim mieszkaniu jak to, czy też powinienem po prostu cieszyć się moimi dziewięcioma miesiącami wolności, zanim zostanę ojcem dziecka Maryi. Kiedy wszedłem do windy, poczułem się tak zarozumiały i trochę sceptyczny, że uwierzyłbym, że będę zakwaterowany w ładnym mieszkaniu. To niewiarygodne, że po latach cierpienia w cieniu mojej przeszłości i poczucia winy, które mi to przyniosło. Cały ten gniew i smutek opłacił się Bogu, do kiedy. Wychodzę na zewnątrz windy i znajduję swój nowy dom tuż obok pierwszych drzwi po windzie. Moje serce bije szybko z podnieceniami, którymi chciałbym się podzielić z moim najlepszym przyjacielem. Zastanawiam się, czy Maryja wywołałaby taką samą reakcję, gdyby zobaczyła ten wspaniały budynek, założę się, że byłby to wybuch jej fanatycznego entuzjazmu dla dramatów koreańskich w ostatnich latach jej życia. Kolekcjonuje zdjęcia tych gorących aktorów, którzy grają w jej ulubionych serialach dramatycznych. A myślenie, że może żyć jak jeden z nich, byłoby dla niej spełnieniem marzeń; robiłaby zdjęcia we wszystkich zakątkach i umieszczała je na swoim Facebooku, aby uzyskać status dnia codziennego. Wkrótce chichotałem myślami, zanim machnąłem kartą do zamka na kartę i otworzyłem drzwi.

Ustawienie pokoju jest takie, jakiego się spodziewałem. Wchodzę i pozwalam, by drzwi same się zamknęły.

Kojące kolory i wygodne meble to pierwsze, które przyciągają nowego mieszkańca. Ale poza tym jest pusty i nie wiem, dlaczego ten pusty pokój mnie przygnębia. W jakiś sposób oddziałuje na mnie świadomość szafek, sofy i stołów, a szczegóły nie są już tak odświeżające, jak te, które witały mnie na parterze. Rozczarowało mnie moje niezadowolenie. Powinienem był być szczęśliwszy niż mój pusty wyraz twarzy, ale nie mogłem się do tego zmusić teraz, gdy moja głowa jest pełna tęsknoty i oczekiwań. Rzucam torbę na podłogę i upuszczam wyczerpane ciało na moje nowe fiminish łóżko. Wszystko wokół mnie sugeruje nowe życie, które mnie czeka. Życie bez nikogo innego, na kim można by polegać, tylko dlatego, że nikomu się nie zwierzam. Tajemnice, które osądzały moje życie w chaosie od pierwszego dnia, który pozostaje dominujący moje ego do dziś.

Znowu przychodzi mi do głowy odgłos winy i żalu. Mary jest dla mnie zawsze wspaniałą i wspaniałą przyjaciółką. Zranić ją moją rzeczywistością jest równie bolesne, jak i dla mnie. Ale nie chcę jej okłamywać i udawać, że nie ma nic złego, wiedząc, że sama chciałam wolności i akceptacji, której przez całe życie byłam pozbawiona. Położyłam głowę na najbardziej miękkiej części łóżka i zamknęłam oczy w nadziei, że wszystko będzie dobrze, gdy się obudzę.

Zasnęłam, nie zdając sobie sprawy, że nadal mam na sobie kurtkę i ubrania do pracy. I nie mogłem go zdjąć, dopóki mój telefon nie rozbrzmiał i nie obudził mnie, a nawet mój budzik nie świecił jako pierwszy, żeby mnie w poniedziałki zdenerwować, tylko telefon od kolegi z pracy.

"Halo? "Odpowiedziałem klepiąc głowę na mały ból głowy

"JAMES! Gdzie jesteś teraz? Jest ich prawie 10, a ty nadal nigdzie w biurze, park wung szukał cię".

Zdjęłam telefon z uszu, sprawdziłam ekran na czas i potwierdziłam, że przespałam się z trzema niesłyszanymi alarmami.

"Lepiej bądź tu James, zanim pan Wung wybuchnie".

"Yeah sure" I responded dully, but as soon as I turn out my phone off, I took my wallet behind me and my key card and run off the apartment.

Ostatnio zbyt wiele myślałam o tym, że zatraciłam się pomiędzy moim problemem z łaską Maryi a tym, jak powinnam zacząć moje nowe życie bez niej.

Nie mogę się powstrzymać od myślenia, jak zareaguję, jeśli zobaczę łaskę Maryi w biurze. Chociaż jesteśmy w różnych zespołach, ale w tym samym budynku i tej samej hali do przejścia. Prawdopodobnie mógłbym się z nią spotkać w najbliższym czasie. A zwykłe powitanie na co dzień może z nami nie zadziałać, biorąc pod uwagę, że wepchnęła mnie w te niezręczne warunki. Ale jeśli wpadniemy, co mam jej powiedzieć? Że nie miałem na myśli tego, co zrobiłem i wszystko, co się stało, było sprawiedliwe i przypadkowe. Bez względu na powód. Nie mogłem wymazać faktu, że ona jest w ciąży, a ja jestem ojcem. Nie mogę też wymazać faktu, że nie nadaję się na ojca. Moje wymarzone życie jest za daleko ode mnie, a ja nadal staram się dostać na te pasy.

Szczebel windy do otwarcia. Biegałem tak szybko, jak mogłem, by gonić za czasem, który zmarnowałem na sen. Grupa taksówek zaparkowanych przed moim apartamentowcem. Nastoletnie Koreanki również mieszkające w tym mieszkaniu zajmowały je wszystkie. Jak tylko wysiedli z taksówki, szybko wsiadam i proszę kierowcę o zabranie mnie do pracy z moim walczącym koreańskim dialektem.

Do biura jest tylko kilka kilometrów, a złapanie taksówki na czas sprawia, że podróż jest szybsza niż się spodziewałem. Ale nie pomogłoby mi to zwiększyć mojej pewności siebie i rozumowania w konfrontacji ze złym panem Wungiem, który stoi przed moim biurkiem, upuszczając stos magazynów, podczas gdy Kian, mój asystent produkcji, przeprasza pana Wunga.

Czekałem, aż pan Wung wyjdzie z biura, zanim podejdę do mojego biurka, gdy Kian wpatrywał się we mnie z rękami na talii.

"Żartujesz sobie ze mnie Delgado? Zabiłeś mnie, człowieku! Ju Wung wrzeszczał na mnie od rana. Przeglądanie magazynu to twoja praca, Koleś. Potrzebuje tego jutro na spotkanie"

"Przepraszam, byłem zmęczony i zaspany".

"Wow! Jakby wszyscy nie byli zmęczeni. Ale wciąż budzimy się do pracy. Masz nawet szczęście, że masz tę posadę w krótkim czasie, kiedy tu pracujesz!"

"Powiedziałem przepraszam"

"Cokolwiek". Tak czy inaczej, mam ci do powiedzenia bardzo ważną rzecz..."

Próbowałem badać magazyny jeden po drugim, podczas gdy Kian trzyma usta otwarte na inny temat, który nikogo nie interesuje. Planował zorganizować imprezę dla Filipińczyków pracujących w Korei i nie widzę siebie wchodzącego na żadną z jego imprez ani w ogóle na żadne z nich. To po prostu nie moja sprawa, żeby tam być. W przeciwieństwie do łaski Maryi, dla mnie przyjęcia są tylko stratą czasu. Poza tym łaska Maryi na pewno będzie chciała tam być.

Zlekceważyłem jego obecność i rozpocząłem pracę z magazynami, które pan Wung przyniósł, skanując zawartość naszych wpisów na wystawę magazynu fab. Ale nie dopóki nie zobaczyłem dziwnego magazynu, który wymaga ode mnie rozmowy z nim.

"Hej! Czy nie powinniśmy skupić się na tematach politycznych na przyszły miesiąc? Dlaczego jest tu taki magazyn?"

Okładka magazynu to amerykańska transgenderystka okładka magazynu playboya

"Oh yeah! Akceptacja transseksualizmu jest teraz problemem. Teraz jest bardzo popularny, więc musimy go włączyć. To wciąż jest polityka. Wiesz, opinia Korei na ten temat - "bardziej jak to"

"I co przez to rozumiesz?"

"Ich populacja statystycznie wzrosła na przestrzeni lat. Widzisz, ci ludzie twierdzą, że nie żyją tak, jak im się wydaje, że powinni. Raczej nie jesteś osobą, za którą wszyscy cię uważają i w jakiś sposób masz inną tożsamość w środku. Ale dla mnie to nic takiego"

"Więc jak myślisz, co to jest?"

Twarz Kiana była zaskoczona, że w końcu rozmawiałem z nim po latach milczenia w każdej naszej rozmowie.

"Cóż... To bardziej jak zostawić swoją przeszłość. Przeczytałem o tym artykuł, który mówi, że niektórzy transseksualiści zmienili się, aby odnowić swoje życie i być idealną osobą, którą chcieliby być".

Jego słowa uderzyły mnie w ciszę. Zawsze się myli w rozpoznawaniu zeznań, ale... To, co powiedział, to coś, czego ja też chcę w swoim życiu.

"Ale ty nie myślisz o tym, prawda? Chodzi mi o to, że spotykasz się z Mary Grace Palma z zespołu produkcyjnego na dole".

Zamarzłam i kontynuowałam skanowanie z magazynami. Koreański asystent zadzwonił do Kiana i w końcu zostawił mnie z moimi rozważaniami.

Miał rację. Tak naprawdę, nie jestem niczym innym. Ja też chcę opuścić swoje życie i stać się znowu kimś nowym. Kogoś, kogo mogę uznać za mnie. Nie do życia w zaprzeczeniu, tylko po to, by pokazać regularne, ale oszukańcze życie.

Po wykonaniu mojego zadania w biurze. Wracam do mojego mieszkania, by przypomnieć sobie o tym, że mam nowe życie. Co by powiedziała łaskawa Maryja, gdyby pewnego dnia znalazła mnie innego niż to, co wiedziała? Co by powiedział Jed? Wiem, że ojciec mnie znienawidzi, jeśli to zrobię. Będzie mnie potępiał nawet w niebie. Moje myśli sprawiły, że stałem się chortlerem. Nie jest łatwo zdecydować się na coś, czego wiem, że nie mogę już odebrać, gdy już się w to wpakowałem.

W moim nieostrożnym wiosle, po drugiej stronie ulicy, zobaczyłem ogromny plakat pięknej kobiety. Czuję się jakbym mieszkał w Korei prawie całe moje życie. Chociaż pracuję nad międzynarodowym oddziałem magazynu w Korei, który nie wymaga ciężkiej znajomości koreańskiego dialektu, ponieważ słowa, które umieszczamy na magazynie, są głównie angielskie. Wciąż uważam, że też jestem w pewnym sensie Koreańczykiem. Moja desperacja do tożsamości skłania mnie do dążenia do niej. A drzwi do tego są tuż przede mną. Chcę rozpocząć nowe życie, a zmiana wyglądu i perspektyw w życiu to pierwszy krok, na który zdecydowałam się wspiąć.

Zacząłem szukać nowej pracy z większą pensją w innych krajach. A następnego dnia ustaliłem swoją decyzję i złożyłem rezygnację, aby zrealizować swoją drogę do zmiany. Kian był zdruzgotany, ale nie mogłem się już wycofać. Czułem tyle satysfakcji i podniecenia. że przez najdłuższy czas mojego życia. Nigdy nie byłem tak szczęśliwy. I obiecałem Maryi łaskę w moim liście, który do niej wysłałem. że wrócę po naszego syna.

ROZDZIAŁ XII

Panna Palma i ja podróżowaliśmy z Vancouver z powrotem do Ottawy. Powiedziała mi, że odwiedzimy mamę w szpitalu i przyniesiemy jej dużo zdrowego jedzenia, aby mogła szybko wyzdrowieć z choroby.

Na nasz sposób, nie mogłem przestać myśleć, jak mama zareaguje, gdy nas zobaczy. Panna Palma powiedziała mi, że nie wiedziała, że nadchodzimy. To ma być niespodzianka na jej urodziny. Vancouver jest bardzo daleko od Ottawy, ale jeśli przyjedziesz pociągiem w kilka godzin, będziesz zaskoczony, że to już Ottawa. Ale w okolicznościach, w jakich się znajdujemy, pociąg wydaje się jechać zbyt wolno. I że wszyscy pasażerowie byli znudzeni i zmęczeni. Mogę być jedynym, który wyskakuje z mojego miejsca oglądając scenerię za szklanym oknem, podczas gdy panna Palma trzyma swój telefon próbując kogoś wybrać.

"Do kogo dzwonisz?" Pytałem. Zamknęła telefon i odłożyła go z powrotem do torby. Mylę się co do tego, dlaczego miałaby to robić, skoro tylko pytam.

"Nic" uśmiechnęła się słabo.

"Panno Palma?" podniosła brwi do mnie "Tak?" Wahałem się, czy poprosić, ale czuję, że muszę, czy raczej chcę.

"Gezmo powiedziała mi, że urodził się, bo jej mama i tata tak bardzo się kochają", że rozbudziła w sobie głowę w zrozumieniu. Chyba już wie, co mam zamiar powiedzieć. Czekałem na jej odpowiedź, ale nie wyszły z niej żadne słowa. Zacząłem wątpić, żeby zrozumiała mój punkt widzenia: "Chcę wiedzieć, czy ty też kiedykolwiek kochasz mamę?". Wygląda na zaskoczoną moim pytaniem. Opuściła głowę i zatrzymała się na chwilę "Tomy..." odwróciła do mnie głowę. Czułem się dziwnie i żal z powodu mojego pytania. Chyba tego nie zrobiła, bo mama nie jest zwykłym facetem, którego można by spotkać w jakimś miejscu. Wiem, że jest wyjątkowa i nadal ją kocham, choć "tak" jej głos zmienił się w zachwycony i bardzo mnie zaskoczył, gdy uśmiechnęła się do niej wesoło. Ale w jej oczach są łzy. Być może naprawdę ją kochała, może coś się stało, dlatego zerwali, i dlatego zdecydowała się zostać kobietą.

"Kocham go tak bardzo, nawet do tej pory; on zawsze miałby najwięcej serca"

"Więc dlaczego zostawiłeś mamę? Dlaczego nie mieszkałeś z nami?"

"Tomy, są rzeczy, których naprawdę nie mogę ci teraz powiedzieć."

"Zrozumiałabym. Rozumiem, dlaczego mama musi trzymać swoją tożsamość z dala ode mnie. I w porządku, nadal ją kocham".

"On nie kocha mnie tak, jak ja kocham jego. Nie możesz czegoś do kogoś zmusić tylko dlatego, że go kochasz. Pewnego dnia, lepiej to zrozumiesz"

Zatrzymałem się, gdy zobaczyłem jej zdenerwowaną twarz. Wydaje się, że tak bardzo kochała mamę. Mam nadzieję, że nadal ją kocha, bo wiem, że mama czasami jest bardzo kochająca. Uśmiechnąłem się do niej, żeby ją pocieszyć. Jej przyjazna aura sprawia, że czuję się przy niej komfortowo. Mama nie przyjaźniłaby się chyba ze złymi ludźmi. Chyba jest miła i ciepła jak mama.

Zanim się zorientowałem, w końcu dotarliśmy do miasta. Panna Palma zdecydowała, że powinniśmy jechać prosto do szpitala, gdzie mama jest zamknięta na 2 dni. Zapytałem ją, dlaczego mama powinna zostać przyjęta do szpitala, ponieważ jej choroba nie była tak poważna, jak mi powiedziała, a panna Palma nie mogła mi odpowiedzieć wprost. Unikała tematu i przyznała, że przyczyny też nie zna.

A kiedy wejdziemy do pokoju mamy. Znaleźliśmy ją nieprzytomną w szpitalnym łóżku z długim białym wężem na ręce, który wychodzi z worka tlenowego obok niej. Jej szczęki są jędrne i zbytnio się odsłaniają. Jest jaśniejsza niż wtedy, gdy ją zostawiliśmy. Moja biedna mama. Stoję przed nią z uczuciami, których nie rozumiem. Jestem na nią zły, za kłamstwo, że jest w porządku. Jestem zły, bo powiedziała, że nic jej nie będzie, a mimo to leży w tym białym łóżku z tymi wszystkimi maszynami obok niej, które pomagają jej oddychać. A jednak jest nieprzytomna i krucha. Tak blada, że ledwo ją rozpoznaję. Jestem zły, bo znowu mnie okłamała. Idę blisko niej, powstrzymując się od wszelkiego gniewu, jaki we mnie drzemie. Tak wściekły, że moje łzy opadają bez mojej uwagi.

"Tomy"

Zignorowałem wezwanie panny Palmy, dopóki nie otworzyły się drzwi i przyszedł lekarz i pielęgniarka. Pielęgniarka niosła tabletkę i poszła prosto za mamą. Rozpoznaję go. To ten sam mężczyzna, z którym była mama, gdy uciekałam ze szkoły.

"Więc jest pan krewnym panny Delgado, jak sądzę". Lekarz wziął głęboki oddech i trzymał obie ręce, kiedy prostował się do panny Palmy.

"Coś nie tak z jej doktorkiem? Czy to krytyczne?" Głos panny Palmy drżał, ale rozumiem jej frustrację z powodu stanu mamy. Odwróciłem się do nich, żeby posłuchać, co lekarz ma do powiedzenia o mamie.

"Zdiagnozowano u niej raka gruczołowego trzustki lub trzustki. Rak ten szybko rozprzestrzenia się na pobliskie organy. Rzadko jest wykrywany we wczesnym stadium, ale była w pełni świadoma tego i od miesiąca poddaje się leczeniu".

Panna Palma była oszołomiona po wyjaśnieniu lekarza. Byłem zdezorientowany, co to znaczy. Rozpoznaję tylko słowo "rak". W telewizji ludzie z rakiem są bardzo chorzy, a w końcu umierają. Ale inne słowa muszą być inne od tego, co zrozumiałem. Musi być za tym inne znaczenie. Chociaż reakcja panny Palmy sugeruje negatywną, nie mogę uwierzyć.

"Czy nic jej nie będzie?" Pytałem.

Lekarz gapił się na mnie, a jego oczy są przygnębione i pozornie przygnębione. Patrzy na pannę Palmę i oczyszcza sobie gardło. Jego przedłużająca się reakcja irytuje mnie i sprawia, że chcę na niego krzyczeć.

"NIC JEJ NIE BĘDZIE?"

"Tomy!"

"Tomy, wiem, że bardzo martwisz się o swoją mamę. Robimy wszystko, co w naszej mocy, by ją wyleczyć. Miała już kilka operacji i pracujemy nad kolejnym krokiem".

Doktor zbliżył się do mnie. Spojrzałem na niego, jak klepał mnie po głowie.

"Tomy. Jestem przyjacielem twojej mamy i robię wszystko, co mogę, by jej pomóc. Poza tym, twoja mama jest silną osobą. Ona nigdy nie przegra tej bitwy. Więc wierzcie w nią"

Doktor wrócił do panny Palmy.

Nie mogłem powstrzymać moich łez przed upadkiem. Ona tam śpi i źle się czuje. Jej smukłe ramiona i stały oddech sprawiają, że płaczę bardziej. Chcę odwrócić wzrok i myśleć, że nic jej nie będzie, jak mówi lekarz. Ale dlaczego trudno jest słuchać moich własnych myśli. Co jeśli już się nie obudzi? Będę sam? Nie chcę już przebywać w domu innych ludzi. Chcę ją odzyskać. Chcę, żeby się obudziła, żebyśmy mogli razem wrócić do domu. Zacisnąłem ręce na metalowym ramieniu łóżka.

"Mamo?"

Czułem rękę panny Palmy poklepaną po ramieniu. Uśmiechnęła się do mnie. Tak jak zawsze. Zmusza się do tego, by wyglądać dobrze i pewnie. Jej fałszywy wyraz twarzy tylko mnie na nią wkurzył. Oni wszyscy są bandą kłamców, tak samo jak lekarz za nami.

"Tomy, nic jej nie będzie"

Kolejne kłamstwo

Wiem, że nie jest. Z ich oczu widać, że nie jest.

Czekałem, aż mama się obudzi. Usiadłem na stołku obok niej. Chcę być z nią, kiedy się obudzi. Chcę wiedzieć, jaka jest prawda. Jeśli naprawdę będzie w porządku - choć wiem, że mama też będzie mnie okłamywać. Ale na pewno zmuszę ją do powiedzenia mi prawdy. Nie chcę, żeby mnie już więcej okłamywała, bo to mnie zasmuca i złości na nią. I nie chcę tego. Nie chcę, żeby mnie zostawiła.

Ciągle myślę, a moje ciało czuje się wyczerpane. Panna Palma stanęła z kanapy i wyszła, żeby przynieść nam coś do jedzenia. Słyszałem, jak pytała, czego chcę, ale nie odpowiedziałem. Poprosiła mnie jeszcze raz i czekała, aż odpowiem, ale ja się nie trzymam. Nie wiem, dlaczego to zrobiłem. Chcę tylko, żeby mama się obudziła, a ja nie chcę niczego innego.

Drzwi się zamknęły, a w pokoju jestem tylko ja i mama. Wpatrywałem się w nią z nadzieją, że jej powieki mogą się poruszać lub ręce. Ale to tylko wyczerpało mnie w oczekiwaniu na więcej godzin. Położyłam głowę i jeszcze bardziej zmęczyłam się, gdy poczułam miękkość łóżka z głową i ramionami. Przez chwilę zamykam oczy i poddaję się jej.

Ale kiedy się obudziłem, jestem już przy łóżku, a mamy nie ma nigdzie w pokoju.

"Mamo?-Mamo!"

"Zrelaksuj się, jestem tutaj"

Mama wyszła od drzwi łazienki uśmiechając się do mnie. Nagle zdenerwowałem się, gdy podeszła do mnie i usiadła na łóżku.

"Mamo? Wszystko w porządku? Możesz teraz chodzić"

"Oczywiście" trzymała mnie za rękę i szczypała nosem. Nie bolało, tylko jej ręce są delikatniejsze niż poprzednio.

"Zawsze mogę chodzić, co próbujesz ciągnąć" - śmiała się. Łatwo mi było zobaczyć, jak się śmieje. Tak się martwiłam, że może nie być w porządku i będzie jak inni ludzie, którzy są tak chorzy, a lekarze nie mogli ich już wyleczyć.

"Przykro mi, że musisz mnie tak widzieć".

Przytuliłam mamę mocno. Jest o wiele szczuplejsza niż ostatnio, gdy ją widziałem. Czuję jej kości i kruchą skórę. Ale mimo że jej twarz się zmieniła, to nadal jest moją mamą, która tak bardzo mnie kocha. Jej ręce przycisnęły mnie do niej bliżej.

"Mamo, nic ci nie będzie, prawda?"

Mama puściła mnie i pogłaskała moje włosy.

"O tak! Po... może kilku terapiach wszystko będzie dobrze".

"Okłamałeś mnie, zanim powiedziałeś, że nie jesteś aż tak chory, ale jesteś tu w szpitalu".

"Zapomniałem, że jesteś mądrzejszy ode mnie. Ale jestem pewien. Po mojej ostatniej terapii przysięgam, że możemy wrócić na Filipiny i udać się na piesze wędrówki przez resztę lata".

"Ale co z moim pobytem w domu panny Palmy?"

"Nie wiedziałam, że zaczynasz się tam lubić"

"Nie!"

Zdecydowanie się nie zgodziłem. Mam tam najstraszniejsze dni z tym okropnym panem Hendersonem, a ona ciągle się ze mną droczy.

"Oh! Obudziłeś się teraz"

Panna Palma przyjechała z plastikową torbą i odłożyła ją na kanapę. Wyglądała na zaskoczoną, gdy podeszła do mamy i trzymała ją za ręce.

"Boże Jakubie, zmartwiłeś mnie".

"Czy możesz przestać mnie tak nazywać, ten facet zmarł dawno temu?"

Oboje się uśmiechnęli i cieszy mnie to, że wszystko jest teraz w porządku.

"Pójdziesz dzisiaj z nami do domu?" Pytałem. Mama zdaje się wahać i znowu uszczypnęła mnie w nos.

"Nahh... Będę tu jeszcze kilka dni, żeby odpocząć. Nie mogę odpocząć w domu z twoim głośnym hałasem".

"Nie będę głośny. Będę cicho i ostrożnie"

"Hmmmm... Zastanowię się nad tym"

Uśmiech mamy sprawia, że myślę, że jest szczęśliwa. Ale nie rozumiem, dlaczego nie miałaby się martwić, że jest chora. Może ona ma rację. Wróci do domu na kilka dni, a ja już nie wrócę do domu panny Palmy.

Potem spędziliśmy noc u mamy i wyszliśmy rano wziąć prysznic w naszym domu. Alfredo został w domu panny Palmy, ale mama powiedziała, że zabierzemy go z powrotem, gdy wyjdzie ze szpitala.

Czuję się jakbym mieszkał w szpitalu, bo większość czasu spędzam tam z mamą i panną Palmą. Czasami panna Palma wychodziła na zewnątrz i rozmawiała przez telefon z mężem. I coraz częściej, kiedy jestem proszony o odpoczynek na kanapie. Chowam się pod kocem i patrzę, jak mama i panna Palma rozmawiają ze sobą.

Aż pewnego dnia mama została przeniesiona do innego pokoju i musieliśmy czekać w holu, aby zobaczyć jej wyniki. Zajęło jej trochę czasu, zanim została odesłana do swojego starego pokoju, aby odpocząć. Wiem na pewno, że po tym wszystkim, mama się wyleczy i wrócimy do domu.

Więc kiedy mama się obudziła, zostałem tuż obok niej z panną Palmą, żeby dotrzymać jej towarzystwa.

"Jak się czujesz mamo? Lepiej się czujesz?"

Oczy mamy są coraz większe, a jej kości policzkowe są teraz bardziej widoczne. Jej włosy stały się czarne, a oni ciągle je obcinają.

"Czuję się o wiele lepiej teraz, kiedy jestem już w ciąży"

Mama trzymała mnie za ręce i zbliżyła się do mnie.

"Mam jedną prośbę tomy"

Znowu się uśmiechnęła. Nadal wygląda ładnie nawet z bladą, cienką twarzą i krótkimi włosami. Ukłoniłem się i uśmiechnąłem się do niej

"Pewna mama, co to jest?"

Zatrzymała się i gapiła się na mnie przez sekundę.

"Czy możesz przynajmniej mówić mi tato. Chcę wiedzieć, jakie to uczucie"

Byłem zaskoczony i zdezorientowany, dlaczego miałaby to powiedzieć. Nie chcę zadzwonić do mamy, chociaż wiem, że ona też jest moim ojcem. Mój tata, który był ze mną przez cały ten czas, a ja ciągle szukam.

"Tato"

Mama wylewa łzy, jak się szeroko uśmiecha. Panna Palma zbliżyła się do nas i położyła ręce na ramieniu mamy. Ona też się do niej uśmiechnęła.

"Tomy, od teraz nazywaj mnie tatą".

Wahałem się

"Dlaczego m-"

Zatrzymała moje usta swoimi rękami.

"No whys and buts. Chcę, żebyś to zrobił, bo inaczej mama nie wyzdrowieje".

Mama mnie objęła i tak samo brakowało Palmy. Próbowałem się do tego przyzwyczaić, żeby mama poczuła się lepiej. Żeby mój ojciec poczuł się lepiej. Ona jest dla mnie najlepszą matką na świecie i chcę zrobić wszystko, aby była szczęśliwa; aby zachować wszystkie szczęśliwe wspomnienia i tworzyć z nią więcej. Kiedy odzyska zdrowie, możemy być znowu szczęśliwi i nie będę już narzekać, jeśli panna Palma nas odwiedzi. Wiem, że Alfredo czeka na nas, żeby go odebrać. I powiem Gezmo, jak niesamowite jest to, że moja mama też jest moim ojcem.

Niebo wypełnione jest jasnymi srebrzystymi chmurami, które przesuwają się w jednym kierunku, ponieważ wiatr wieje delikatnie, a trawy i gałęzie szybko się przemieszczają. 30 letni Tomek stojący przed grobem i jego 8-letnia córka obok; Patrząc na pomnik Jamesa Delgado.

"Więc to jest to. Ledwo znam go jako tatę" - zaczął Tom, gdy jego córka stała w zamieszaniu. Prowadzi pamiętnik swojego zmarłego ojca.

"A co z mężem babci? Co się z nim stało?"

"Rozwiedli się przed śmiercią taty. A twoja babcia zaczęła mieszkać z nami w Ottawie. I poza tym nie mam o nim żadnych wieści. Chyba ożenił się ponownie i żyje własnym życiem".

Łzy powstałe w oczach Toma.

"Dopiero po kilku miesiącach straciliśmy go. On zawsze daje mi najgorsze kłamstwa"

Jego córka patrzy, jak walczy. Jego ręce zaciśnięte do jej i drżały, gdy zmuszał się, by nie płakać. Niebo zaczęło przygasać - i pierwsza kropla deszczu spada delikatnie i dotyka jego dłoni, aż do momentu, gdy reszta tej kropli deszczu wylała się z nieba; jak gdyby płacząc o ustąpienie Toma.

"Hej, chłopaki, musimy iść teraz deszcz staje się coraz silniejszy"

Żona Toma krzyczała z vana. Zabrała parasol z tylnego siedzenia i wychodzi po męża i córkę z deszczu.

"Chłopaki, idziemy!"

Córka Toma puściła rękę i pobiegła do mamy. Ale kiedy poczuła, że jej ojciec nie idzie za nią, zatrzymuje się w środku. Odwróciła się i zobaczyła, że jej ojciec pozostał w grobie ojca.

"Tato!"

Tom uśmiechnął się i poszedł po swoją córkę. Zrzuca jedną rękę na córkę i idzie razem w kierunku furgonetki, gdzie jego żona czeka z parasolem, podczas gdy dwoje z nich swobodnie chodzi w deszczu.

"Tato? Babcia rozwiodła się z mężem dla twojego ojca, czy to znaczy, że naprawdę go kocha?"

"Chyba tak. Zdaję sobie sprawę, że ona naprawdę bardzo go kocha".

"Wow! On musi być bardzo przystojny!"

"Nie". On był naprawdę bardzo piękny"

Jego córka oszołomiła i przestaje chodzić dalej. Ale pociągnął go do przodu z powodu coraz silniejszego deszczu.

"Huh?"

Oboje uciekli, podczas gdy Tom śmiał się z drogi do żony.

Spis treści

Prolog ... 2

ROZDZIAŁ I ... 4

ROZDZIAŁ II ... 10

ROZDZIAŁ III ... 13

ROZDZIAŁ IV ... 20

ROZDZIAŁ V ... 27

ROZDZIAŁ VI ... 37

ROZDZIAŁ VII ... 49

ROZDZIAŁ VIII ... 62

ROZDZIAŁ IX ... 66

ROZDZIAŁ X ... 73

ROZDZIAŁ XI ... 83

ROZDZIAŁ XII ... 90

Printed by Books on Demand GmbH, Norderstedt / Germany